歴史文化ライブラリー

57

吉川弘文館

# 特務機関の謀略

諜報とインパール作戦

山本武利

目次

# インパール作戦



### 援蔣ルート

現在、ミャンマーといわれるビルマは、民主活動家アウン・サン・スー・チー女史と軍事政府との対決で時おりジャーナリズムをにぎわす程度の、日本にとっては、あまり縁のない国である。

ビルマの隣りのタイは、日本企業の投資、観光ツアーなどで、地理的にも心理的にも日本に近いなじみのある国である。しかし太平洋戦争末期の日本にとって、ビルマはタイ以上に戦略的に重視された国であった。ここではとくに中国へのアメリカ、イギリスなど連合国の物資・軍備援助のルートの出発地として、それを確保しようという連合国とそれを破壊しようとする日本側がきびしく対峙していた。

中国の蔣介石《しょうかいせき》総統の率いる国民党政府は、日本軍やその支援で成立した汪兆銘《おうちょうめい》の南京政府に追い込まれて、奥地の四川省重慶に首府を移していた。この重慶の蔣介石への援助ルートが、いわゆる援蔣ルートであった。大連・天津・青島《チンタオ》・上海・香港の沿岸部分を日本軍におさえられた蔣介石国民党政府に石油・武器などを送る援蔣ルートは、日本がビルマを占領する一九四二年初頭までは、ビルマの首府ラングーンからビルマ中部のマンダレーを経て、雲南省に入り、昆明から重慶に至る鉄道、道路であった。ところが日本のビルマ占領でこの太いルートが使えなくなった連合軍は、アメリカが中心となって、インド・アッサム方面からビルマ北部を経て雲南省に入るルートを開設しようと必死になっていた。その道路の起点がアッサム州のレドだったので、新しい援蔣ルートはレド公路（アメリカ軍はトウキョウ道路とよぶ）ともいわれた。建設は日本軍の妨害やジャングルなど地形的条件で遅々としていた。そこでマニプール州のインパールから空路、物資の輸送を図ったが、その輸送量は限られていた。援蔣ルートの建設促進には日本軍からのビルマ奪還しかないとアメリカが考えたのも当然であった。

## アラカン山系をめぐる攻防

ビルマ西部のインド国境を南北にのびるアラカン山系は最高峰のパラマチ山で、富士山にやや高い程度と、標高はそれほどではないが、鋭い逆V字形の山系がいく重にもつながる峻険な地形をもっている。その深い谷間はジャングルにおおわれ、悪性のマラリア、ペスト、アメーバ赤痢などの菌が繁殖していた。しかも四月から九月までの雨期には、世界最高級の雨量がチンドウィン河（イラワジ河の支流）などを激流で氾濫させていた。したがって住んでいるのは少数民族のみで、かれらも悪路、悪疫をおそれてビルマとインドを東西に行き来することはまれであった。

このチンドウィン河東岸まで日本軍に追い込まれたイギリス軍は一九四二年雨期、大量の武器・爆薬・自動車などを捨て、アラカン山系を越えて、命からがらインド側のアッサムに敗走した。またアラカン山系の最北端のフーコン谷地を潰走したアメリカ、中国軍は、レド方面に逃げのびた（図1）。

一九四三年から四四年にかけて、徐々に連合国側は戦力を拡充し、ビルマへの反攻に転じてきた。そしてアラカン山系の各地に小規模の兵士を送ったり、少数民族懐柔の工作員を投じて、大規模反撃の準備をしていた。

日本軍は北部のミートキーナ、中部のメイミョー、マンダレー、沿岸部のアキャブ、西

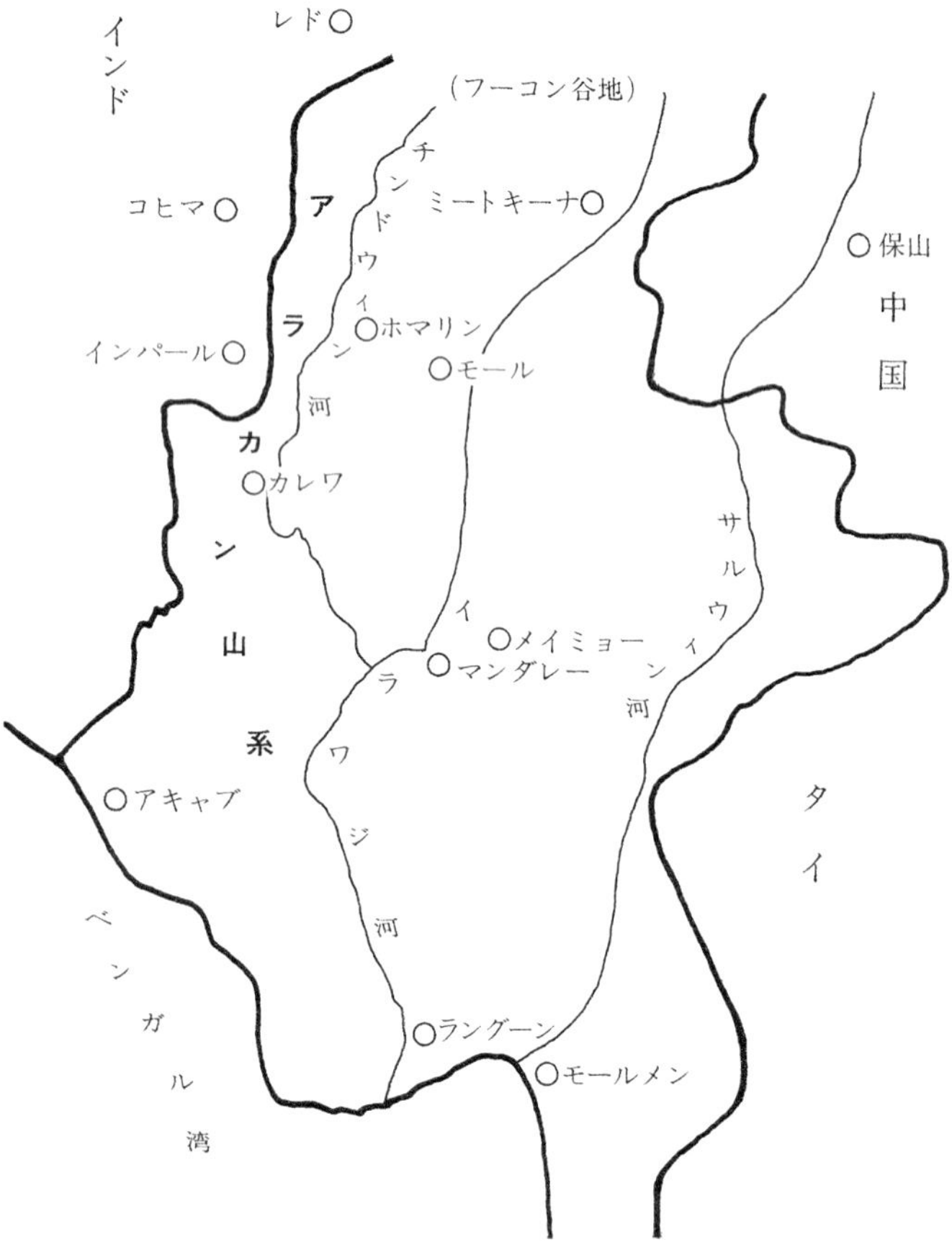
インド
レド
(フーコン谷地)
チンドウィン河
ミートキーナ
コヒマ
アラカン山系
ホマリン
インパール
モール
カレワ
保山
中国
サルウィン河
イラワジ河
メイミョー
マンダレー
アキャブ
タイ
ベンガル湾
ラングーン
モールメン

図1　ビルマ略図

部のカレワを重要な戦略拠点にして防備を重ねる一方、ミートキーナ、カレワからのアラカン山系への工作員派遣を行っていた。したがってこの山系をめぐる攻防も、日ごとに緊迫度が高まっていた。

## 中国、ビルマでの同時積極的作戦

太平洋でニミッツ、マッカーサー将軍の率いるアメリカ軍に追い込まれ、アッツ玉砕、ニューギニア全面撤退必至となった日本軍は、膠着《こうちゃく》した中国戦線、ビルマ戦線の打開によって、太平洋戦全体の好転を図るカケに出た。三月のインパール作戦、四月の大陸打通作戦がそれである。

大陸打通作戦は華北から広東・香港までをとぎれなく支配しようとしたもので、華北から南下した軍と武漢から北上した軍が合流したし、武漢から南下した軍と広東から北上した軍も衡陽攻略成功で目的をある程度達成した。日本軍は華南から華北にいたる南北の線を確保することによって、蔣介石政府軍を追い込むことができた。この攻勢で日本はアメリカ空軍によって制空権を奪われ、大きな損害を受けたが、蔣介石軍は三〇万人以上を失って、戦力を大幅に低下させ、戦後の内戦での毛沢東率いる中国共産党軍への敗北のきっかけとなった。

### インパール作戦の経過

一方、ウ号作戦ともよばれるインパール作戦は大失敗に終わった。大本営の作戦開始の号令は四四年一月七日に出され、三月八日にまず第三三師団が南部アラカン山系を越えてアッサムにむけ動き出した。三月一五日には第一五師団と第三一師団も中部と北部からアッサムをめざした。アッサム平原を望むインパールの高地やコヒマ平原までは予想以上のスピードで、各師団とも進軍できた。一九九七年に防衛庁が公開した参謀本部第二〇班（第一五課）の「機密戦争日誌」其七（以下「機密日誌」）は次のように作戦初期の模様を記述している。

三月二五日　インパール作戦はきわめて順調に進展している。先頭部隊はインパールから三〇―四〇キロの線に進出。

三月三一日　二八日にウ号作戦で日本軍部隊はインパール・コヒマ道を遮断した。順調。

四月　一日　インパールの主な作戦は順調。

四月　六日　インパール作戦でコヒマ南方を遮断。

四月　八日　五日、コヒマを攻撃。

たびたび「順調」という言葉が出てくるように、四月五日までのインパールとくに北部コヒマでの戦いは、順風満帆を思わせた。本土の各紙にも大本営発表の大勝利の記事が踊った。

しかしまもなく戦況は日本軍不利の方向に逆転した。同じく「機密日誌」を見てみよう。

四月一三日　インパールの敵の複郭陣地は半年の日数をかけてつくったかなり堅固なものだ。

四月一八日　ビルマの一師団の損耗は平均五〇〇〇人。雨期明にさらに二〇〇〇人の損害を予期（夏までに三万人を補充）。

四月一九日　インパールの敵の抵抗はきわめて頑強。

四月二二日　インパールの正面の敵は四個師団であるが、二〇〇—三〇〇機の輸送機で空中補給の作戦を継続。

四月二五日　インパール東方地区で一中隊が玉砕。接近戦では不可欠の地上火器が日本軍に不足している。

日本軍の進攻を予想して構築した蜂の巣型の堅陣から連続的に発射される銃弾、舗装された道路に展開する多数の戦車、制空権を握った空からの重爆撃が日本軍を粉砕し、短期間に大損害を与えた。それらの重砲には持参の日本軍兵器ではとても対抗できない。四月

図2　ビルマ方面軍の編成（インパール作戦開始時）

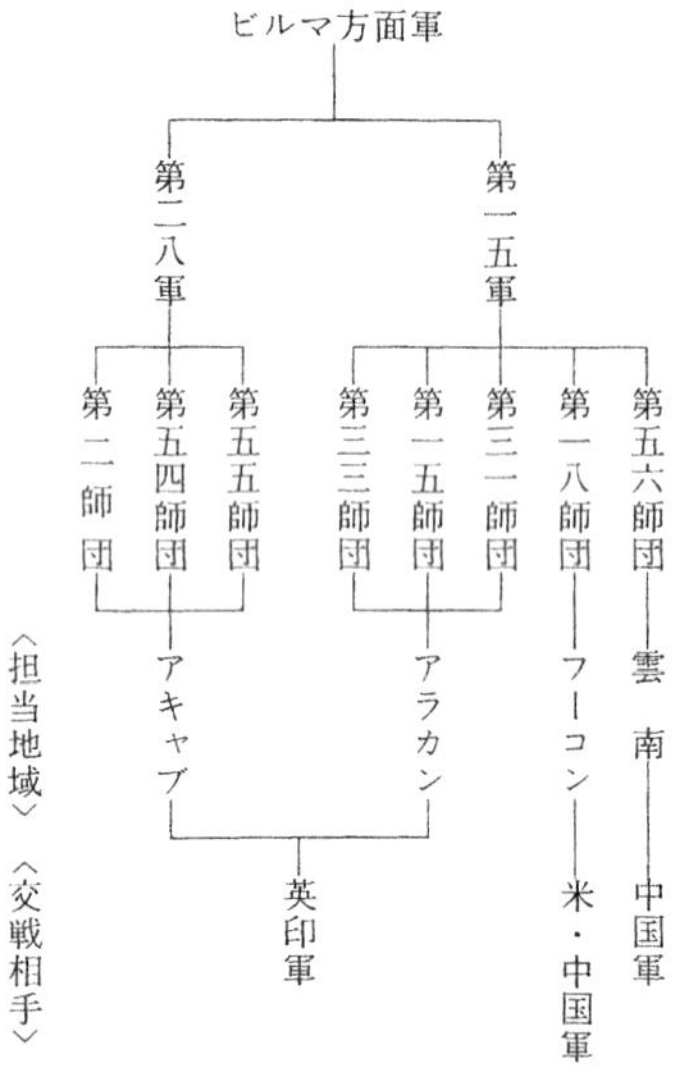


中旬までには食料・弾薬も尽き果てた。だれの目にも短期決戦での勝利はこの時点で絶望的と判断された。だが紙上にはインパール作戦の暗転ぶりは反映していなかった。

心配した雨期が予想より早く来た。秦参謀次長は現地視察でビルマ方面軍司令官の河辺正三中将や第一五軍司令官の牟田口廉也中将から強気の発言を聞かされたが、「インパールの成功の公算は次第に低下しつつある」との報告を東条英機参謀総長にした（「機密日誌」）。しかし東京からラングーンに格別の指示・命令は出されなかった。ところが、まもなく第一五軍傘下の第一五、三一、三三師団（図2）の師団長全員が、牟田口司令官から更迭された。とくに第三一師団の佐藤中将は命令を無視し、コヒマから部隊全員を独断退却させたため、罷免となった（抗命事件）。後の「機密日誌」にはインパールの記述はほとんどなく、七月四日の「ビルマ・ウ号作戦中止」という短文が最後となった。

日本軍は動員した一〇万人の半数以上が死亡し、残った者の大半もマラリアや脚気の病気になった。退却路は「白骨街道」「靖国街道」といわれるほどの地獄と化した。

## イギリスの基本作戦

イギリスは日本のインパール作戦の準備模様を雨期の明けた四三年秋頃から観察し、それへの対応策を着々と打っていた。とくに四四年一月になると、日本軍がチンドウィン河東岸に盛んに斥候を出して、イギリス軍と衝突するようになった。その際に死亡した日本兵から押収した書類・日記、書き込みのある地図、さらには作戦命令まで、毎日のように司令部に持ち込まれた。「ナトナット付近で鹵獲した資料によって、第一五師団第六〇連隊第一〇中隊の存在を確認。トラックや軍隊の移動や道路建設が活発」と、イギリス軍はホマリン付近での四四年一月末の日本軍の動きを観察、記録している（RG 165 E 79 B 498）。さらに空中偵察で、中部ビルマから日本軍が盛んに作戦道路を作っていること、いかだや象・牛などの家畜を河畔に集めていることもわかった。

イギリス軍は三つの作戦プランを立てた。第一は機先を制し、チンドウィン河を渡って、日本軍と正面衝突することであったが、アラカン山系を越える長大な補給線の維持がむずかしいと判断された。第二は河を渡ってきた日本軍をチンドウィン河西岸で迎え撃つことである。しかし補給線の点では第一と問題は変わらない。そこで第三の案として、インパール平原に全兵力を後退させ、十分な防備を固めて、日本軍を迎え撃つ作戦が決定された。つまり補給線を日本側に負担させ、日本軍を不利な状況に追い込み、決定的な勝利をつかむという作戦である。

実際に第三案が実行に移され、その思惑通りに事は進んだ。一方、北部のフーコン谷地でアメリカ、中国軍が南下を続け優勢を保っていること、また南部の沿岸地方でもイギリス軍が日本軍と対等以上に戦っていることも、このかなり余裕あるおびき寄せ、待ち伏せ作戦を選択させた。

さらに日本陸軍の暗号が作戦当初解読されて、各師団の進路がかなり筒抜けとなったことも、イギリス側の引き込み戦術を可能とし、日本軍の敗退につながった。したがって日本軍は緒戦から「順調」でもなんでもなく、作戦全体を通じイギリス軍側の周到、老獪な戦略にしてやられたことになる。

### インパール作戦失敗の追及

インパール作戦はフーコン谷地でも失敗したため、アメリカ、中国軍は南下しはじめた。連合軍はビルマ北部のミートキーナを占領し、さらに日本軍を追撃した。ビルマから中国のルートつまり援蔣ルートは四四年八月再び連合軍の手に落ちることとなった。中国での日本陸軍の健闘も、ビルマでの失敗によって帳消しにされるどころか、さらに大きなマイナスを引き込んだ。ドミノ理論（将棋倒し理論）を地で行くように、ビルマからタイへむけて日を追って日本軍勢は後退を続けることとなった。

この作戦をはじめた原因として牟田口中将の野心とか、軍内部の無責任主義とか、東条首相や大本営のあせりとか、その作戦の無謀さを批判する兵書は、現在まで数多く出版されている。たしかに制空権を握られた地域で、食糧・装備も不十分で、しかもそれらを敵から奪取、使用するという補給をまったく考えないで行う作戦は冒険以上のバクチであった。十分な防衛線をつくった近代的装備の連合軍へのドンキホーテ型戦いを敢行し、失敗した責任は大きい。最悪の条件下で戦争を行い、短期間で陸軍史上最大の損害を出し、敗戦の大きな誘因をつくった責任は、いくら追及してもしきれるものではない。

さまざまの角度から徹底的な失敗の原因が今後とも追及されるべきである。本書は今までほとんど取り上げられなかった諜報《ちょうほう》・宣伝の角度から、連合軍や日本軍の残した第一次資料を駆使して、インパール作戦の無謀さの程度を明らかにしたいと思う。従来の分析は数少ない交戦者の経験談や回顧録に依拠しすぎた。とりあげる視点も散漫であった。なお、本書では「インパール」の地理的範囲をマニプール州インパールだけに限定せず、コヒマ、さらには北部のフーコン地区まで含める。というのは、これら三地区が両陣営の戦いにおいて有機的につながっていたからである。

# 暗号戦略

# アメリカ暗号諜報支隊

**膨大な日本軍暗号資料**

アメリカ国立公文書館（NARA）では、一九九六年三月に暗号関係の文書を新たに公開した。そこには日本の陸・海軍、外務省、船会社など各方面のさまざまの暗号資料がある。また暗号を使っていた兵士が捕虜になったときの尋問や供述の書類も出ている。

この資料群のなかで、日本軍の暗号通信を解読し、英文に直したものも数多い。外務省の暗号コードを開戦前から解読していたアメリカは、最後の日米交渉における日本側の外交戦略の手の内を読みとることができた。アメリカは日本の開戦決定を知っていながら、交渉を引きのばして、日本側に開戦の責任を負わせたのである。

アメリカは外務省の暗号解読に成功していたが、日本軍の通信暗号解読は戦争に入ってからであった。一九四三年四月、山本五十六《いそろく》連合艦隊司令長官はラバウルを出発し、前線視察へ向う途中、アメリカ海軍三十数機によって、乗機が撃墜させられて死亡した。これは日本海軍暗号を解読したアメリカ海軍が、山本長官の乗機の方向をあらかじめ知り、待ち伏せしていたためである。

しかし連合軍側による日本陸軍の暗号の解読はなかなか進まなかった。それが完全に成功し、各前線で実戦に使われだしたのは、まさにインパール作戦が開始された一九四四年三月のことであった。

## ニューデリーの暗号解読支隊

公開された暗号資料には、各時期、各前線のアメリカ軍側の暗号分析リポートも多い。その資料のなかに、「中国、ビルマ、インド戦線の暗号諜報活動の歴史」（RG 457 B 1296）というリポートも混ざっている。これは一九四八年二月に中国、ビルマ、インド戦線のアメリカ陸軍暗号諜報支隊の戦中の記録をまとめたものである。これを紹介しながら、ビルマの前線での暗号解読の動きとインパール作戦の推移を見ておきたい。

**飛行機交信暗号の解読**

一九四二年初頭、一人の将校と二人の下士官が、インドと中国のアメリカ軍に暗号資料を提供するためにインドに送られたが、年末まではなんら見るべき成果はなかった。一九四三年五月、日本軍の航空地上交信暗号表がアメリカ空軍が撃墜した日本軍機から発見された。これはアメリカ軍による日本軍の航空諜報活動の追跡に役だった。その後たて続けに日本軍機が打ち落とされたが、いずれにも暗号表が搭載されていたので、日本機がいつもそれを運んでいることもアメリカ側にはわかった。

一九四三年一〇月、ビクウィット少佐が来て、支隊長となった。かれは暗号将校のキング少将のもとで、精力的な働きをする。かれはイギリス機関との関係改善に乗り出し、両者の協力体制が確立した。相互の訓練、情報交換が進んだ。

**地上交信音声記録と二世**

一九四三年末になって、日本軍の飛行士がラジオ、電話を使って地上と交信していることが明らかになった。支隊では他の部隊に頼んで、録音装置を急いでとりよせた。少佐は二世の翻訳者の移送を本国に求めた。二世を暗号解読支隊に使うことには、はじめ内部に異論があった。かれらから機密情報が漏れることをおそれたためである。しかし二世使用が決定され、二人が来た。

翻訳も首尾よく行った。飛行兵の出撃・空襲・追跡などの作戦中の会話には、なんと東京、マニラ、大連といった戦場から遠い地名が飛び出したのだ。これらはビルマの地名のコードネームであることがまもなくわかった。飛行兵の名前も判明した。価値ある情報が多かったので、すぐに連合軍の空軍部隊に知らせる必要が出てきた。二世にこの仕事を従事させる不安はぬぐえなかったが、さらに増員を求め、四人が働きだした。アメリカ人将校とのペアで、二組が傍受・記録し、相互にチェックし合う体制を続けた。

一九四四年一月から日本軍の飛行機の動きを詳細に速報する「日報」を出しはじめ、続いて週報も創刊した。この「日報」、週報を分析すると、新しい敵飛行隊がビルマに投入され、攻撃の準備を行っていることが明らかになった。

### アメリカのウルトラ

しかしこの一月の最大の出来事——暗号解読史上での最大の出来事の一つ——は、日本陸軍の全戦域に通用する本流のシステムを解読できたことである。今まで連合軍側が解読した陸軍の暗号は、局地的に使われたもののみであった。ある日本兵がニューギニアから撤退する際に、土中に埋めて隠していた暗号表一式をオーストラリア軍が発見し、掘り出した。それは第二〇歩兵師団がもっていた完全な暗号表コレクションの箱であったが、その兵士はすべて焼却したとのウソの電報を東京に打っていた。この発掘で、日本陸軍の通信はどんな内容であれ、連合軍側は正確・迅速に解読できるようになった。この解読方法はアメリカ軍のコードネームでウルトラといわれるものである。

ウルトラがインドの暗号支隊に届いたと同じ頃、中国軍は撃墜した日本軍の飛行機から、完全な暗号解読表を入手した。これは陸・空軍の管理システムのための二冊からなる基本的な暗号表であった。こうして、日本軍本流の暗号表が別々の場所で期せずして連合軍の手に入った。日本軍はその喪失と連合軍側での活用を知る由もなかった。

日本軍と戦っているあらゆる戦域でこのウルトラは大々的に使われた。マッカーサーは北部ニューギニアで苦戦しているとき、このウルトラがもたらす諜報の思いがけない贈り物によって大きな利益をえた。

インドの支隊でも同じだ。二月一七日、ビルマの日本陸軍の暗号交信の翻訳が始まった。全員が連日連夜のフル回転で作業に取り組んだ。最初の翻訳ができると、「日報」が作成された。最初はそれほどの量ではなかったが、徐々に翻訳量も増加した。ＩＢＭの機械もその効率化・迅速化に寄与した。

アメリカとイギリスの解読部隊でのムダな競争がおきた。イギリスは「未経験な」アメリカを信用しなかったし、その翻訳に修正の電話をかけてくることが多かった。しかしシステムは完全なものであったので、相互の不信感も次第に解消してきた。相互の翻訳の交換はスムーズに進み出した。アメリカの司令官スティルウェル中将は日本軍の司令官よりも早く情報を入手できる、と支隊のスタッフは自慢していたという。

### インパール作戦の暗号解読

日本軍がインドへの侵略を開始した四四年三月はこの支隊の最盛期であった。その頃、陸軍諜報部（G-2）から諜報分析を行ってくれとの依頼が支隊にきた。日本の各師団の通信の発信・受信の場所、進攻のルートや司令官の人名などを解明した。ビルマの日本軍の動きが明らかになり次第、連合軍の前線司令官に無線で知らせた。週報はウルトラ情報で埋め尽くされ、各号にはビルマの日本陸軍の完全な戦闘指令が収録された。これこそ解読支隊員が自慢できるものであった。かれらはたんなる調査屋とか翻訳屋でなく、能動的な諜報機関員に変身した。三月上旬のある夜、グライダーがビルマのある地点に墜落したとの日本軍の通信が解読された。「正確な場所がわかったので、グライダーの空挺部隊の掃討にその地点へ部隊を急派する」との日本軍の指令も入っていた。この情報はすぐにスティルウェル将軍に送られ、空挺部隊救援隊が組織された。三月中、北ビルマのウィンゲート、マルーダーズなどの降下空挺部隊に対する日本軍の空、地上からの攻撃が続いたが、それぞれの戦域における日本軍の情報をあらかじめ各部隊に迅速、大量に連絡することができた。

かれら暗号諜報支隊は四四年三月中での日本軍のインパール、コヒマ進攻を含む行動の開始を連合軍に予告していた。暗号通信を見るかぎり、日本軍はこの作戦は完全に成功すると信じていた。第一五軍の牟田口司令官は「日本軍は今や無敵で、インドで日章旗をかかげる日は遠くない。世界がこの作戦に注目している。この成功は戦争の行方を決定するものだ」との檄《げき》を飛ばしていた。

しかし十分に情報を仕込んだイギリス軍は動じなかった。かれらは日本軍がジャングルから出てくるのを静かに待っていて、平原に姿を見せるやかれらを一掃できる準備をシステマティックに整えていた。実際、日本軍は撃退され、崩壊した。よく情報を入手していたアメリカ軍も北部から撤退する日本軍を追撃し、ズタズタに引き裂いた。三月一日、ビクウィット少佐はスティルウェルがこの支隊の諜報活動に驚き、喜んでいるとの通信を北ビルマのアメリカ軍本部から受けとった。少佐は三月三一日に中佐に昇進した。

## ミートキーナ陥落

ところが三月二六日に日本陸軍の本流暗号の定期的な改訂がなされ、支隊のウルトラ活用は中断した。もっとも収穫の多かった時期の一つが激しい戦争開始とともに過ぎ去った。新しい暗号表の解読は支隊では手に負えなかった。したがってかれらの活動はウルトラ導入以前のものに戻らざるをえなくなった。

七月末に、アメリカの本部が日本陸軍の新しい暗号システムを突破して、五〇％ほどの暗号まで解読できるようになった。そして支隊では日本軍を包囲したミートキーナのアメリカ軍に解読情報を再び送れるようになった。日本軍の戦力や残した食糧その他の情報は現地アメリカ軍に送信された。マルーダーズがミートキーナの急襲を敢行し、占拠に成功した際、解読情報が大いに役だった。「七月二六日から数百のアメリカ兵がわが日本軍陣地に進入してきた」という日本軍の通信を読んだとき、支隊の全員が一つの震えをおぼえた。八月三日に同市が陥落したとき、かれらはささやかな祝杯をあげた。かれらの仕事が役だったことに誇りと喜びをいだいたという。

# 解読暗号に見る空挺部隊の作戦攪乱

## 暗号解読日報

以上紹介した「中国、ビルマ、インド戦線の暗号諜報活動の歴史」というリポートには、三月上旬にグライダーがビルマのある地点に墜落し、近くのアメリカ軍が救援に向かったとある。これを裏づける別の暗号資料がアメリカ国立公文書館にある。日本軍の暗号交信内容を記録した「日報」がそれだ（RG 457 B 1412)。それにはすべてのページに ULTRA の印が押してあり、イギリス側は MOST SECRET、アメリカ側は SECRET の扱いをしている。そして発信した日本軍の部隊と、それを受ける機関や地名とが記載されている。発信の日時も出ている。

## 空挺部隊の投入

ビルマの日本軍の空軍力は低下する一方である。新しい戦闘機・爆撃機などの補給がないうえに、保有の飛行機を南太平洋戦線に割かねばならなかった。さらに英米軍との戦闘での飛行機の損害が大きくなる一方だった。それに比べ、イギリスは四三年一二月に第一航空軍が来て、多数の輸送機、グライダーを前線に投入できるようになった。そこで、マウントバッテン司令官が中部ビルマへの兵員の空輸案を出し、ウィンゲート少将にその実行方法を検討させた。ウィンゲートは日本軍の後方に旅団を投下させ、小飛行機が離着陸できる飛行場をつくる、その周辺を野砲によって歩兵大隊で守るという案を出し承認された。

ウィンゲートは四四年二月に一つの旅団を北からチンドウィン河上流に入らせ、モール周辺に基地を築かせた。モール周辺はインパール作戦の日本軍の主力の第一五師団の後方であったし、北へ向かえば、アメリカ軍と戦うフーコン谷地の第一八師団の後方を遮断することができる絶好の戦略拠点であった。

イギリス軍の飛行機は二台のグライダーをナイロン索で引っぱりながら、インパール西のハイラカンディからモール周辺に向けて出発した。グライダーには兵士と武器が搭載された。ナイロン索が切れたり、着陸の際に破壊したりして、当初はグライダーの事故は多かったが、三月五日から一〇日までに一〇〇機のグライダーと延べ六〇〇機の飛行機で九〇〇〇人の兵員と一一〇〇頭の動物を空輸した。

さらに連合軍はミートキーナ東部の中国領の前線にも、この空挺部隊を投下した。そこには中国軍が日本軍と対峙していた。

**最初の空挺襲来暗号通信**

一九四四年三月の「日報」の大半がこの空挺部隊の動向を日本側が把握し、それに対する作戦を伝える情報といってよい。最初の空挺部隊情報は三月一〇日付の二つの「日報」に出ている。まず大本営、第二八軍、第三三師団などに現地の日本軍から三月九日二三時一〇分に送られたものから見よう。冒頭に「グライダー部隊の続報」とあるので、この部隊の情報はすでに伝えられていたらしい。たしかに河辺方面軍司令官の日記には、

三月八日　夕食中不破参謀の持参せる電報に依り、敵の空輸部隊が第一五軍管区内に落下せしことを知る。八〇機の飛行機に牽引せられし滑空機に依る計数一、〇〇〇人を算せらる（俘虜の言より推定）。

三月九日　部長会議にて敵空挺部隊侵入の報、相当の衝撃を与ふ。（防衛庁『インパール作戦』）

とあり、軍幹部が大きな衝撃を受けていた。それにしても日本軍が空挺部隊の行動に気づくのに遅れていることがわかる。方面軍司令官は三日遅れでやっとその情報に接することができた。ともかく、三月一〇日付の「日報」を見てみたい。

一、七日一九時の状況

(一) 二機のグライダー、ナンカン（サーカンの西一〇キロ）に六日二時に着陸、総勢二二人のイギリス兵（軽機関銃、小自動小銃装備）。

(二) 六機のグライダー、サーカン近辺に七日着陸。総勢最低一〇〇人。原住民に案内され、ナーピン（ピンボンの西五キロ）に向け山道を進んでいる模様。ナーピン駐在の兵站《へいたん》地区隊の一中隊と輜重《しちょう》隊の支隊が、敵掃討のためサーカンとナーピンの間を捜索中。

(三) 二機のグライダー、カーサ東部のイラワジの河床に着陸。グライダーを焼いた後、どこやらに姿を消す。現在捜索中。

二、敵機、ビンレブ、ウントウ、カウリン地区を五日二一時から六日二時、六日二二時から七日三時にかけ、執拗に飛行。グライダーで上陸した敵兵支援であることはたしか。

別の三月一〇日付の「日報」を見よう。それは、二三時一〇分にビルマ方面軍から第一五軍、第二八軍、大本営、第一八師団などに送られた状況説明である。

敵グライダー部隊の侵入に対する最初の判断は鉄道、後方通信などを破壊、混乱させ、作戦を妨害するゲリラ戦であった。だが敵持参の装備、用意、降下地点の状況、ジャングル内の新手襲撃法、ラングーン北西の状況、わが雲南遠征軍への反撃などから判断して、その地区や保山に敵の襲撃基地を構築し、援蔣ルートを早急に開設するのが敵のねらいである。この襲撃に対応し、ジャングルや雲南地区にきびしい防衛線を敷かねばならない。

方面軍参謀がグライダーによる敵空挺部隊の襲撃に驚きつつも、各地の情報を集め、これがたんなるゲリラ活動でなく、本格的な反撃基地の構築で、今後の作戦にとってきわめて脅威となる、と正確に捉えていることがわかる。また空挺部隊が保山など雲南にも降下していることがわかる。

## 強力な空挺部隊

三月一二日付の「日報」によると、ビルマ方面軍への通信のなかで、敵の「空挺部隊」と、はじめて「グライダー部隊」から言いかえつつ、第五飛行師団の情報では、敵はイニワを北方に進んでいるという。さらに三月一三日付の

「日報」では、第一五軍は長橋中佐を急遽、空挺部隊掃討に派遣したとあり、第五飛行師団も派遣したとある。三月一五日付の「日報」は、同じ飛行師団から大本営、方面軍などへの通信に、敵の攻撃力はきわめて強く、日本軍機が損害を受けているとの暗号解読をのせている。この「日報」には、アエロドロームという言葉が初登場する。これは建物、防空壕、装備をもった小飛行場のことである。この空挺部隊は、小型飛行機を発着できるほどの基地を短期間に建設できる能力をもっている点がとくに参謀たちに脅威を与えた。一方、空挺部隊のイギリス軍では、暗号解読分析を通じ、長橋中佐らの行動にかなり余裕をもって対応することができた。

最初の攻撃は三月十七日夜長橋次六中佐の指揮する集成部隊（メイミョー地区滞留兵で編成した二箇中隊）によって行なわれ、次いで現地に到着した歩兵第百十四聯隊第三大隊と長橋部隊の残部によって実施された。

当初ミイトキーナ線の管理運営に当たっていた鉄道第五聯隊長佐々木万乃助大佐がナバ（インドウ北東）付近の鉄道橋の補強作業指導のため三月中旬シュエボからナバに到着したとき、長橋部隊のモール付近における苦戦の状況を知り、直ちに鉄道第五聯隊第四中隊の小銃兵約一五〇名及び集成小銃中隊の約一〇〇名（軽機関銃二）を率い長橋部隊救援のためナバを出発した。

右の部隊は三月十八日早朝ヘヌ（モール北側）に到着、所在の敵を攻撃して長橋部隊救出のため勇戦した。この戦闘で鉄道聯隊は戦死一六名、負傷二五名以上の損害を出した。

長橋部隊の損害は更に大きかった。モール陣地の強度もわからず長橋集成部隊は勇敢に夜襲を敢行したが、昼をもあざむく照明弾の下で激しい集中砲火を浴び、将兵の大部は瞬時に死傷した。長橋中佐も重傷を負い辛うじて後送されたが、間もなくインドウの野戦病院で死亡した。奇跡的に生き残って後退したものは数十名に過ぎなかった。

間もなく歩兵第百十四聯隊第三大隊主力（長　山下秀夫大尉）が戦場に到着し、長橋部隊の残部を併せ指揮して三月二十一日の夜再びモールの敵陣地を攻撃した。しかし今回も第一回同様大きな損害を受けて敗退した。この戦闘で戦死約三〇名、負傷約七〇名以上の損害を出した。

以上二回の攻撃でモール付近には堅固な陣地が構築されていることがわかった。また多数のゲリラ部隊がモール陣地を根拠にして所在に活躍し、執拗な遊撃戦を展開して日本軍を悩ました。（前掲『インパール作戦』）

掃討作戦に赴いた日本軍部隊のほとんどが大きな損害を出して敗退した。三月二六日付の最後の「日報」も、方面軍の大本営あての電報をのせているが、そのなかで空挺部隊は武器・食糧・人員を飛行機から補給されているので、手に負えない旨をクドクドと述べている。この日以降は、暗号表改訂でウルトラが使えなくなったので、ビルマ戦線の記述は消えている。ともかく三月の「日報」に出る電報は最初から最後まで空挺部隊の記述である。この日本軍のあわてふためきようを「日報」で見たイギリス軍幹部はほくそ笑み、インパール作戦への勝利を確信しただろう。

## 作戦中止の動き

このような厳しい状況をもっとも身近に感じた第五飛行師団の田副登中将は同期生の方面軍参謀長中永太郎中将に、インパール作戦を中止し、空挺部隊の始末をするのが先決と申し入れたが、その提案はけられた。河辺司令官は先の日記の続きに、方面軍高級参謀片倉少将が、空挺部隊への第一五軍の認識が甘いと不満を訴えに来たが、第一五軍司令官の牟田口にはインパール作戦に専念させたいので、この問題は方面軍で処理したいと述べたと記している。一九三七年の蘆溝橋事件の際、現場の日本軍指揮官として上下関係にあった河辺と牟田口には甘えの構造があった。牟田口の方では、蘆溝橋事件と同様に、河辺は多少の暴走を許容してくれるという考えがあった。河辺の方では、上官の寛大な措置に期待して猪突する牟田口にかわいさを覚えた。両者とくに現地最高責任者河辺の冷徹な対応の欠如が、空挺部隊による後方への攻撃、破壊を助長させ、インパール作戦そのものを失敗させる大きな原因となった。

# 日本軍の暗号解読能力

## 開戦情報の伝達

インパール作戦を立案、実行した牟田口第一五軍司令官は、これをひよどり越作戦とか奇襲作戦とかよんで張りきっていた。源義経が少数の兵士でひよどりの急坂を馬で駆け下りて、平家の大軍をけちらせたのは、平家側にとってその行動が寝耳に水であったからである。

ところがインパール作戦の情報は、事前に連合軍側にかなり蓄積、分析されていた。そのうえウルトラの情報で日本軍の開戦前後の動きが正確、迅速に把握できた。とくにイギリス軍への最高のプレゼントとなったのは、日本軍の作戦開始の情報であった。実際、第一五軍の師団のなかで先陣をきった第三三師団が三月八日一九時二〇分、チンドウィン河のヒルズで渡河を開始したとの電報が、三月一三日付の「日報」に出ている。なぜか五日遅れの掲載であったため、第三三師団の作戦開始をウルトラから知るのにイギリス軍側は時間がかかったことになる。しかし日本軍が味方の最高の機密情報を電報でわざわざ知らせてくれたわけである。イギリス軍司令官は五日ぐらいの遅れには文句はいえなかったろう。

## 中国軍の暗号解読

日本とイギリスには、諜報の面でも、暗号戦略の面でも大きな差がありすぎた。たしかにそうであった。この差が無謀・無計画な作戦を生み、失敗を招いた。前掲『インパール作戦』によると、急襲を生命とするこの作戦で、敵を知り、地形・気象・民情などの情報（兵要地誌）を知ることは、もっとも重要な作戦準備であったため、第一五軍では、藤原岩市参謀に諸情報の収集を担当させていた。暗号解読部隊「特情班」がメイミョーと芒市（雲南）にいて、中国軍の通信は傍受解読できたという。しかしどれほど解読できたのだろうか。アメリカ陸軍情報局（MIS）のリポート「日本の諜報システム」（RG 457 B 90 SRH 254）によると、日本軍は漢字の解読では、かなり成功していた。中国側の戦術交信、大使館武官の通信、外交通信などは解読され、利用されていたという。

またこのリポートはこの分野での日本の活動がもっともわかるのはビルマ戦域であったと述べる。それはビルマ方面軍、第三三師団、第一五師団、第五六師団のリポートから判明するという。傍受された中国語の通信は軍の戦術的移動、兵団単位の規模であったため、日本軍はかなり詳細に中国軍の動きを把握していた。さらに日本軍は中国側の通信にのったものからイギリス軍の戦闘命令などもつかむことができたらしい。

しかし中国軍はビルマ前線では、アメリカ軍に実質的に指揮されていたため、イギリス軍との関係は薄かった。したがって日本軍が中国側暗号解読からえるイギリス軍情報は間接的で、範囲・鮮度などで限界があった。どの資料を探しても、イギリス軍の暗号を日本軍が直接解読していたとの記録はない。

なお、連合軍側はウルトラ使用の際に最新の機械で暗号処理を図っていた。アメリカ軍の場合は、ＩＢＭを使っていた。このため傍受→ウルトラ使用→機械処理→日本文解読→英文翻訳→「日報」印刷の時間のうち機械処理の時間を最大限短縮できた。日本軍がＩＢＭ以上の性能の機械を使っていたとは思えない。ともかく、連合軍は三月のピーク時には、二四時間で全プロセスを完了していた。さらに急ぐ場合には、二世の翻訳直後に係員が電話・電信で前線に速報していた。したがって連合軍は、前線からの暗号通信を受信する日本側よりも早く解読、利用できていたことになる。

空挺部隊に後方攪乱されることが必至となった日本軍はインパール作戦を中止すべきであったか。暗号戦略で大きく水をあけられた日本軍は、インパール作戦にまったく勝ち目はなかったのだろうか。日本側にはウルトラCはなかったのか。

# 光機関の構造と機能

# 光機関の誕生

## 内容充実の光機関月報

OSS（アメリカ戦略諜報局。CIAの前身）の中国・ビルマ・インド地区の担当幹部だったハーバート・S・リットル中佐は、一九四四年五月に北ビルマの前線やインド、セイロンなどのイギリス諜報機関を訪問した。かれは、帰任の際、大きな土産を持ち帰った。それは一九四三年一二月三〇日付発行の光機関ビルマ支部の月報一二月号（以下「月報」という）のマイクロコピー版であった。これは日本語ガリ版刷り九八ページのもので「極秘」という印が押されている。この「月報」の主要な部分をイギリス側が訳した英文二七ページも含まれていた。中佐は戦前太平洋問題調査会のメンバーで、日本語に堪能であった。かれが記したメモによると、この資料はデリーのイギリス機関で見つけた。一九四四年四月一八日にインパールの戦場で日本軍からイギリス軍が捕獲したものである。「われわれにとってもイギリス側にとっても今までに最大の価値あるスクープ」と記したあと、「この資料は、ビルマの日本軍の諜報・宣伝活動の概要を見事に示しており、われわれの活動にとってもきわめて有益である」と結んでいる。

リットル中佐やイギリス諜報機関の目は確かであった。本書でも主要な資料として活用されるこの「月報」は、アメリカ国立公文書館に残されている数少ない日本語の光機関関係の第一次資料である。

リットル中佐はこの立派な「月報」を作った光機関についても、OSSやイギリス諜報機関と対等以上の活動をしているとの高い評価の言葉を記している。光機関は破壊・欺瞞の多彩な方法を駆使し、ビルマ、インドで地下活動を展開している。またその宣伝でも、OSSがやりたくても実現していない「秘密放送局」をつくるなど、組織化された広範な活動を行っている。しかもOSSがもっている数倍の人員や設備を駆使しているとの驚嘆のメモを残した。空挺部隊に驚いた日本軍幹部のような感想である。

そこでリットル中佐に敵ながら見事な活動をしているとほめられた光機関とはどのような構造や機能をもっていたのだろうか。それを知るためには、光機関が生まれた経過を知っておく必要があろう。

## 日本のインド工作とF機関

長いイギリスの植民地支配から抜けだし、インド独立を図ろうとする志士が第一次大戦以降日本との接触を求めるようになった。イギリス高官の暗殺未遂でインドを追われたラス・ビハリ・ボースが日本に亡命し、黒龍会の頭山満《とうやまみつる》、内田良平らに庇護され、日本で独立運動を展開した。このビハリ・ボースは新宿中村屋創業者の相馬愛蔵・黒光夫妻の女婿となって帰化した。

日本人のなかにも、少数ながらインドへの工作者があらわれた。山岸という将校が千田牟婁太郎《むろたろう》と称して数人のインド人を雇い、商売活動を行いながらインドで諜報活動を行った。かれらは戦争の一〇年ほど前からイギリス官憲の目をかすめながら、インドやビルマで工作活動を行っていた（RG 319 "P" File B 2119）。

一九四〇年一二月、大本営陸軍部第八課に三人のインド独立連盟（ＩＩＬ。以下独立連盟という）メンバーから密航依頼の手紙が届いた。かれらは香港監獄から脱出し、日本政府に亡命を求めていた。かれらへの接触から独立連盟本部のバンコクでの存在が判明したため、第八課では一九四一年九月、藤原岩市少佐と陸軍中野学校出身の将校六人をバンコクへ派遣した。そしてかれらは独立連盟代表のプリタムシンとの秘密接触に成功した。そしてバンコク駐在の田村武官とプリタムシンとの間で相互協力の覚書が交わされた（藤原岩市『藤原機関』）。この前後から藤原らのグループはF機関ないし藤原機関と軍内部でよばれるようになった。

### マレー作戦と大量のインド兵捕虜

太平洋戦争開戦後、藤原は南方軍総司令部参謀となったためF機関は山下司令官の指揮下に入って工作した。機関員も一一名に増加した（防衛庁『マレー進攻作戦』）。シンガポール陥落で英軍のインド兵が大量に投降した。F機関が収容したインド兵は四万数千人にも達した。このなかから精鋭一万名を選んでインド国民軍（INA。以下国民軍という）を結成した。参謀本部もインド工作に本格的に取り組むようになり、一九四二年三月二〇～二二日、東京で独立連盟、国民軍の代表者会議が開かれ、ビハリ・ボースが議長に選ばれた。

### F機関から岩畔機関へ

この会議の直前、参謀本部では、F機関を発展解消させる形で岩畔豪雄《いわぐろひでお》大佐を代表とする岩畔機関を設置した。この機関は、独立連盟を中心に東南アジア在住の二〇〇万人のインド人に強力な宣伝活動を行い、国民軍を軸

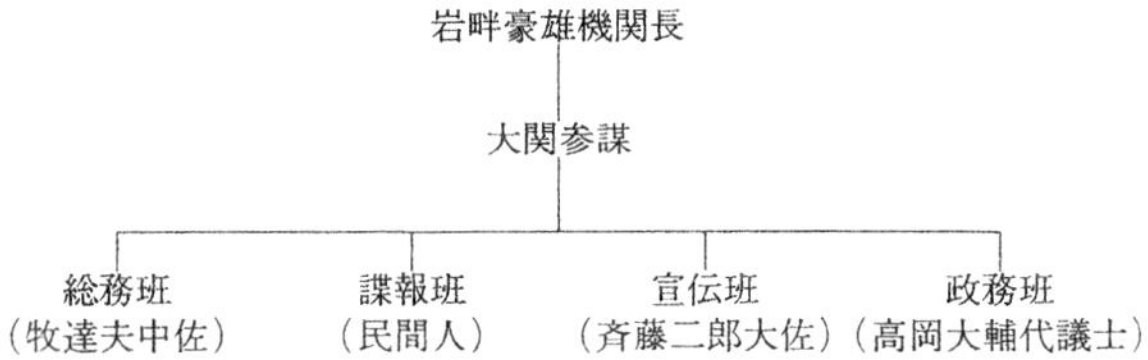


図3　岩畔機関（バンコク）の組織
（1942年5月）

にしたインド独立工作とそれによるイギリスのアジアからの追放をねらっていた。

岩畔機関は大量のインド兵捕虜を再教育し、宣伝・軍事活動を行うこと、つまり日本のインド工作のために独立連盟、国民軍を利用することを目的としていた。インド通の高岡大輔、小山亮代議士など政治家も政務・特務班に参加し、政治謀略のための機関育成を図った（図3）。一九四二年四月末、サイゴンで編成されたときの機関の構成人員は約二五〇名であった。機関では、シンガポールでの国民軍の訓練、インド向けの海外放送、宣伝活動、ペナンでのスパイ工作者養成などの活動を行った。

しかし独立連盟と国民軍の対立不和が続いた。独立連盟代表のビハリ・ボースに指導力がなかったことも一因であった。とくに独立連盟が国民軍を日本軍の捕虜として軽蔑したことも不和を招いた。さらに対立の底流には、日本政府がかれらを利用するだけで、インド独立を支援してくれないのではないかとの疑問があった。国民軍将校がインド国境で、イギリス側のスパイ活動を行って日本の憲兵に逮捕されるという事件を契機に、国民軍のモハンシン司令官を岩畔機関が逮捕、解任させる騒ぎまで起きた。

## 南機関とビルマ工作

ここで日本の特務機関によるビルマ工作とインド工作とを混乱させてはならない。岩畔機関はあくまでもインド工作を目的としていた。ビルマ自体の日本軍の工作のためには、まったく別の系譜の特務機関である南機関が介在していた。ビルマへの諜報活動は海軍予備役の国分正三大尉が歯科医を開きながら、昭和初期、独立急進派のタキン党幹部と密《ひそ》かに接触したことから始まった。かれはまた、ラングーンの港に積みおろされる中国むけ軍事物資を観察していた。こうして得た情報は山本五十六、井上成美《しげよし》ら海軍幹部に提供されていた。海軍は南方進出を早くから主張していて、ビルマでの工作に陸軍より先んじていた。一方、陸軍大佐の鈴木敬司は一九四〇年、日緬《にちめん》協会書記長南益世を称し、同じくラングーンでタキン党と接触した。とくに若いアウン・サン、ラ・ミャンへの援助に力を入れた。一九四一年一月、陸海軍協力でビルマ工作を行うことになり、大本営直属の特務機関として、鈴木を機関長とする南機関が誕生した。

南機関はタイ国境付近で諜報活動を行いながら、中野学校出身者が中心となって、アウン・サン（後の陸軍大臣、スーチー女史の父）らビルマ青年三〇名への海南島でのゲリラ戦などの特訓に力を入れた。そして太平洋戦争開戦直後にビルマ独立義勇軍を北部タイで編成した。鈴木は、軍のビルマ進軍と呼応して、ビルマ内部に義勇軍を進行させ、「攪乱ヲ激発セシメ敵ノ作戦指導ヲ不可能ナラシムルト共ニ『ビルマ』人ヲシテ全面的ニ我ニ協力セシムル」とのビルマ工作計画を練った（防衛庁『ビルマ攻略作戦』）。そしてこの計画通りに第一五軍がビルマでイギリス軍と戦闘を開始するや、南機関は第一五軍の指揮下で行動を起こした。ビルマ人が幹部として加わった独立義勇軍はビルマ全土に歓呼をもって迎えられ、当初二〇〇名ほどにすぎなかった兵士が、一九四二年三月のラングーン陥落時には、正規兵一万、便衣兵（平服の兵隊）約一〇万にも膨れあがった。南機関はイギリス、中国勢力のビルマからの放逐に少なからず寄与した。

**岩畔機関から光機関へ**

一九四二年七月、岩畔機関では北部邦雄中佐を攻略成功後のラングーンに派遣し、ビルマ支部を結成し、ビルマを拠点としたスパイ投入のインド工作に比重を移すようになった。一九四三年三月、岩畔大佐は南方軍軍政監部へ転出し、山本敏大佐が機関長となった。それと同時に、機関名が光機関と改称された。岩畔時代組織から個人色を薄め、軍組織のなかに定着させるねらいからの改称であった。岩畔時代にいた代議士などの政務担当者は帰国し、軍人中心の非公然の機関運営となった。

## 二人のボース

独立連盟、国民軍の代表者は、同姓のボースであるが、ビハリ・ボースからスバス・チャンドラ・ボースに一九四三年七月に円満に代わった。二人は親類ではない。大物の登場で、独立連盟と国民軍の不和も一挙に解消した。

# ボースと東条

### ヒトラー、ボース会見

ガンジー率いるインド国民会議派は、無抵抗、不服従をとなえるガンジー、中間派のネール、そして前衛派（フォワード・ブロック）のスバス・チャンドラ・ボースの流れがあった。カルカッタの名門出身で、ケンブリッジ大学で学んだ後、母国で政界に入ったボースは終始反英運動の先頭に立ち、若者を中心に幅広い国民的人気のある一八九七年生まれの若手政治家であった。国民会議派の議長、カルカッタ市長を務めたことがあった。とくにその独立への情熱と雄弁さが目立っていた。かれはイギリスに逮捕され、病気保釈中に、アフガニスタンへ脱出。ソ連を経て、一九四一年四月、ドイツに入国した。ドイツはまもなくソ連と交戦しはじめたが、イギリスとの戦争にはヒトラー自身、決断がついていなかった。そのため、ボースのインド独立運動への支援はしばらくはなされなかった。

かれはドイツ駐在の大島浩大使や山本敏武官に接触し、日本からの支援をもとめたが、日本はまだ開戦にふみきっていなかったので、当初協力的ではなかった。しかしかれは大島大使の線で、一九四二年五月にヒトラーに最初で最後の面談をすることができた。すでにドイツがイギリスと交戦状態に入っていたため、敵の敵は友であるとして、ヒトラーの幹部もボースに面会の機会を与えるのに協力した。ヒトラーは日本がインドのすぐ近くまで進攻していることを知っていたが、その目的については明確な知識を持っていなかった。インドはドイツにとって遠い国と語って、ボースの支援要請に積極的な反応を示さなかった。しかし日本への出国には支援すると述べ、潜水艦の利用を勧めた（Gordon）。

## 東条、ボースに一目ぼれ

一九四三年二月、ボースはドイツ潜水艦でマダガスカル南東洋上に来た。そこで待ち受けていた日本潜水艦伊号二九に乗り移り、五月六日、スマトラのサバン島に着いた。そこで岩畔機関に入っていた前ドイツ駐在武官の山本大佐と再会した。ボースは飛行機を乗り継ぎ、五月一六日に東京に入った。しかしかれは秘密保持のため「松田」を名乗った。

ボースはただちに東条首相への会見を望んだが、東条は多忙を口実に会おうとしなかった。山本大佐の回想によれば、陸軍省内部にインド問題を冷視する者がいたのも一因だが、最大の原因は、東条の食わずぎらいの人みしりの性格にあったらしい。

六月にはいった十日ころ、ついに首相はボースとの会見を承諾した。ボースと会って、東条首相の先入観は、いっぺんにくつがえされた。彼はボースの熱誠あふれる理知的な論議に、完全に魅せられてしまったのだ。約束のわずかな面会時間が過ぎると即座に、つぎの会見を約束するほど東条首相はボースにほれ込んだ。二回目の会見のとき、ボースは東京滞在の第一目的である用件を率直に述べた。「インド独立のため日本は無条件で援助してくれるか。政治的なヒモがつかぬことを確認してくれるか」。これに対し、東条首相はボースが完全に満足する約束を与えた。するとボースは、さらに「日本軍はインド内にまで作戦を進めてくれるか」とたたみ込んだ。これには東条首相も弱ったらしく、決定的な回答は与えられないと答えた。しかし、この首相との二度の会見によって、ボースは「松田」の覆面をとり、六月十九日、内外記者六十人の前にはじめてその姿をあらわしたのだった。（『昭和史の天皇』第八巻）

## 東条、ボースの思惑

ヒトラーとは違って、東条はボースに初対面から好感をいだいた。東条自身持っていなかったボースのカリスマ的な性格や卓越した雄弁さに魅《ひ》かれたのかもしれない。あるいは見識や品性がただものでないことを見抜いたせいかもしれない。ともかく東条はボースの率直な弁舌に耳をかすばかりでなく、積極的な支援の約束をした。

東条には計算があった。この男を使えば行きづまったビルマの戦局を打開できるのではないかと。ビルマでは、アメリカがイギリスを西部・西南部で、中国を北部・東部で強力に支援したために、連合国側の反攻が強まっていた。ガダルカナル、フィリピンなど太平洋戦線ほどではないにしろ、日本が追い込まれる可能性が出ていた。

東条の頭には、ビルマでの南機関のことがあったろう。日本軍は南機関が育成したビルマの若い独立急進派を独立義勇軍に仕立てて、ビルマ侵略の目的を達成できた。日本軍もこのボースを独立連盟、国民軍の指導者にして進攻すれば、ビルマと同じ事態がインドにも起こるだろう。しかも、ボースの主張するようにインド進攻が成功すれば、イギリスが戦線から離脱し、アメリカの建設する援蔣ルートも崩壊し、膠着《こうちゃく》した中国での日本の戦局が打開されるかもしれない。

ボースの方では、日本のかいらいと見なされることは嫌ったが、日本軍を利用したインドからのイギリスの放逐とインド独立には異論はなかった。かれには日本軍と協力した国民軍のインド進攻がなされれば、ビルマでみられたように、インド国民が立ち上がり、イギリスからの独立が達成できるとの確信があった。そして、独立達成後に、日本の勢力を排除できるとの自信もあった。

山本光機関長が一九四四年一月一五日付で出した文書は、ボースのことばを使いながら、かれの戦略を説明している（RG 165 E 79 "P" File B 2132）。

「その前衛派は宣伝部門と『秘密戦争』部門をもっている。後者は党設立以来地下活動を行っており、ほぼ全員が逮捕されている。前者は後者とは違って、投獄を逃れている。現在かれらはメンバーを拡大し、革命を起こそうとしている。しかし、不幸なことに、その内部革命勢力はイギリス軍を撲滅するほどの力は持っていない。したがって、日本軍がインド内部のイギリス軍に最初の一撃を加えるやいなや、民衆はイギリス軍の力への幻想から醒め、大きな反乱が起こることが実際に期待できる。日本軍のインドへの進攻は早いほうがよい。インド人がイギリスと妥協すると、内部状況はイギリスに有利な方向に急変するだろう。さらに軍事上からいえば、イギリスは東インドの防衛を強化する時間をかせぐことになろう」「そのため、軍事作戦は大規模に実施する必要はまったくない。われわれの目的は、局地的な作戦で十分に達成されよう。したがって、インド人自身の戦闘意欲を燃え立たせる宣伝を行えば、インド内部にパニック状況を起こし、作戦は成功することになる」

## 光機関の組織

### 磯田中将、機関長に

磯田三郎中将は第二二師団長をしていたが、一九四四年一月七日南方遊撃隊司令官という辞令を受けた。この日はたまたまボースがラングーンに乗り込んだ日であったし、大本営がインパール作戦を正式許可した日であった。磯田が東京の参謀本部に出頭すると、「これからビルマ方面で遊撃戦を展開する。そのためにインド人も入れた一個連隊ぐらいの部隊をつくり、情報収集や後方攪乱をやるのがねらいで、それが南方遊撃隊だという話。と同時に光機関長にもなれというのです」(『昭和史の天皇』第八巻)。

磯田はワシントンやメキシコの大使館武官時代に諜報活動の経験があり、開戦前にも野村吉三郎大使の片腕として日米交渉にあたっていたほどの陸軍きっての国際通であった。かれの知識と経験は、国際的広がりの大きなビルマ戦線の諜報、宣伝活動を担当するのに好適と参謀本部が判断したのであろう。また同じく国際的な革命家のボースと対等に渡りあえる人物と見込まれたのであろう。磯田の就任とともに、山本大佐は機関長から参謀長となった。個人的な信頼感で結ばれたボース・山本の時代から、インパール作戦をひかえて拡充した光機関と国民軍の双方を組織的に動かそうとするボース・磯田時代に入った。

磯田はボースや国民軍を光機関が指導するのではなく、一国の元首、軍隊として思い切って力をふるってもらった方がいいと東条首相にいったところ、「それも結構だが、それではきみがボースさんの下で使われるような格好になるが、それでいいのか」と首相は答えたという（前掲書）。光機関はインパール作戦失敗後も存続し、終戦時までボース・磯田のペアが続いたことをみれば、融和・一体化の磯田の方針は基本的には奏功したといえよう。しかし、磯田は四五年一〇月六日に連合軍に尋問されたとき、「光機関と国民軍には摩擦があった。ボースは国民軍が日本軍の指揮下に入った作戦時でさえ、国民軍を自ら支配しようとした。かれは気まぐれで、非協調的であった。国民軍内部には、反ボースの動きがあったが、これは反日本軍的でなかった」と語っている（RG 38 Oriental B 9）。インパール作戦をはじめ、その後の厳しい戦局での国民軍、ボースと日本軍との連携が光機関の役割であったが、重なる敗北のため、ボース・磯田の関係がギクシャクするのはやむをえなかったと思われる。それにしても、戦局苦境の時代に海千山千のボースを相手に光機関を存続させた磯田の苦労は大変なものであったろう。なお光機関はシンガポールの南方軍の指揮下にあった。

## インパール作戦時の組織

磯田が機関長となったとき、光機関の本部はバンコクからラングーンに移った。ラングーンの本部はバンコク、サイゴン、シンガポール、ペナン、イポーとビルマの支部を統括することになった。バンコク支部には財政、武器調達、インド情報収集、スパイ訓練など重要な任務が残っていて、ビルマ支部に次いで支部のなかでは重要な位置を占めていた。またペナン支部は、F機関時代からインド人の工作員訓練を担当していたので、連合国側から終戦まで監視されていた。磯田の下に三人の参謀が配置された。香川参謀の仕事は政治問題やバンコク支部問題の処理であった。高木参謀は国民軍の指揮、運営を担当した（図4）。

ビルマ支部はラングーンのビルマ本部のなかにあった。本部はバンダウリー道路、コリン道路の交差点のパテル・ハウルに置かれていた。しかし、磯田が赴任した一九四四年一

図4　光機関の組織図（一九四四年前半）

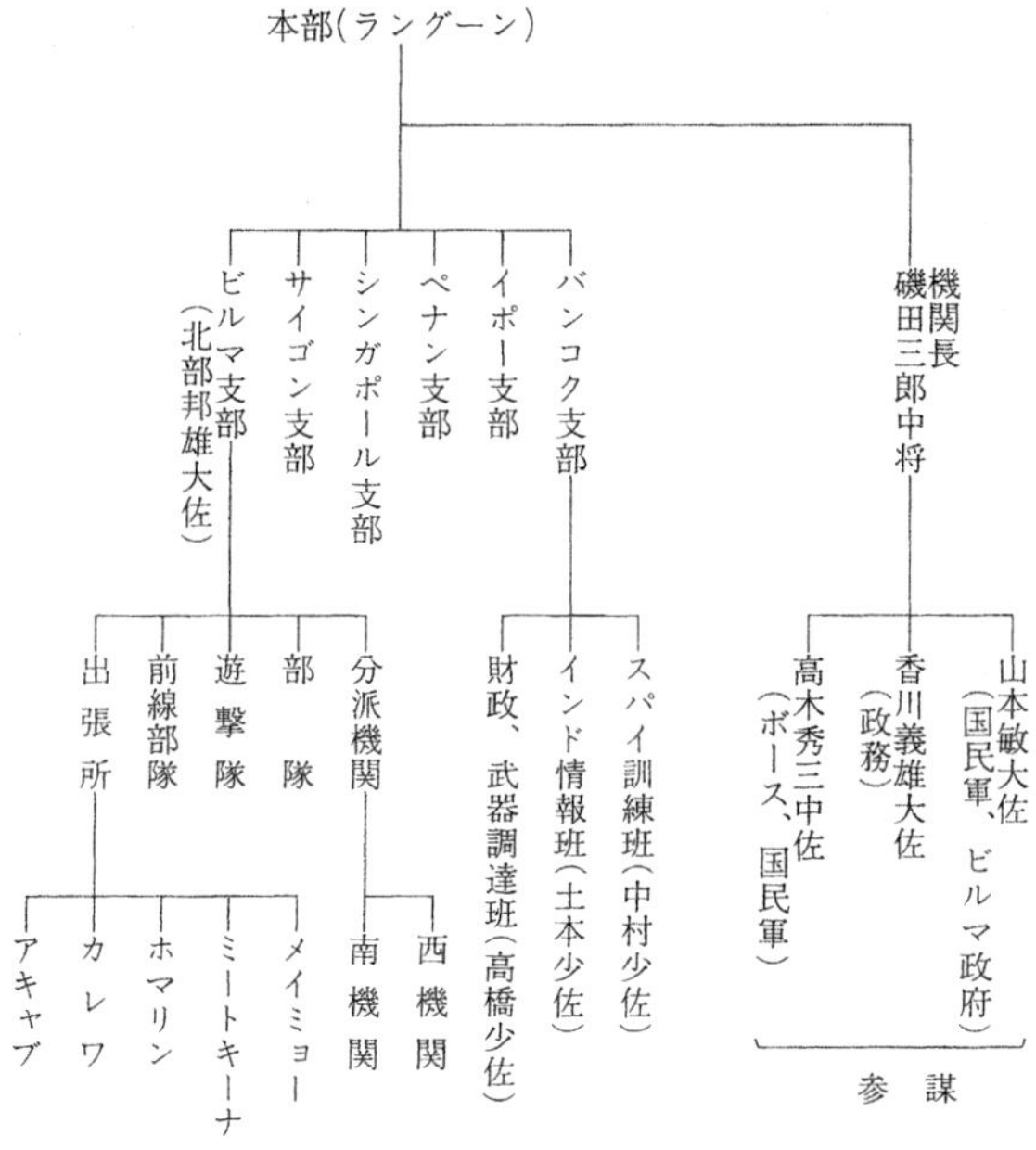

月末には、「光機関はラングーンの北部、東京でいえば山の手にあたるゴールデン・バレーに民家を借り、空襲を避けて分宿していた」（前掲書）。

出張所はビルマ各地に置かれていたが、アキャブ、カレワ、ホマリン、ミートキーナ、メイミョーが主なものである（図4）。これら主要な出張所には、光機関員が複数配属され、国民軍と日本軍との調整、工作員訓練などのほか、周辺の前線部隊、遊撃隊などとの連絡などの仕事を行っていた。一九四四年一〇月一六日付のOSSリポートによると光機関の各部局、支部、部隊などの人員は二〇八である。磯田は赴任時に機関員が二〇〇人ぐらいいたと回想しているので、このOSSデータとほぼ一致する。なお総勢は五〇〇余名に上ったとのデータもある（『陸軍中野学校』）。

## 分派機関

図4には西機関、南機関という分派機関が出ている。

西機関はホマリンとピンマの間に四〇マイルの間隔で五つの哨所をもっている。各哨所は一人の軍曹が指揮していて、かれの下に二人の日本兵士、一人の医師、二人の通訳、ひとりのビルマ人とチン人がいた。メイミョーにいる日本人の藤原少佐が西機関を指揮していたといわれる。西機関の名称は、一九四二年侵略時に南部ビルマで第五列を組織した南機関の新しい名前である。シンカリン・ハミティで活動する

図５　西機関のバッジ
白い布に赤色の“N”．漢字は黒色
(RG 165 E 79 “P” File B 410)

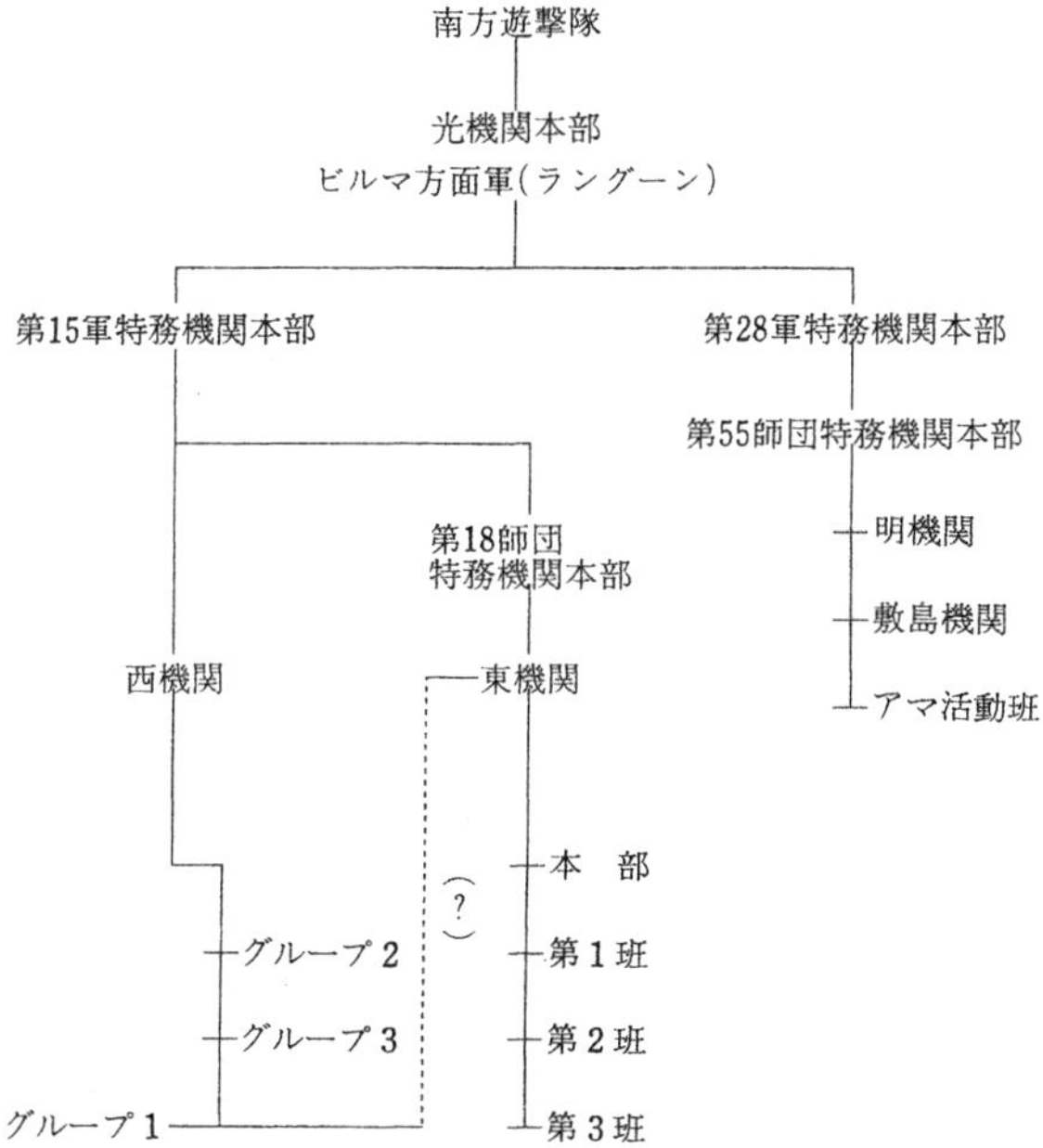


図６　光機関の組織（1944年末）

西機関は「北機関」と呼ばれた。南、西、北は活動する地域の地図上の方角を意味する。光機関と西機関は類似の目的で作戦活動していたが、光機関はインド人や国民軍を一般的に指揮しているのに対し、西機関は作戦地域の原住民を使って行動した。

(RG 226 E 108 B 189)

これは四四年四月一一日付の連合軍側の資料であるが、実によく西機関を調べ、正しく位置づけている。おそらく英軍諜報機関の調査に基づくものであろう。西機関には第一八師団のもの（西正義『西機関・ビルマを征く』）、チンヒルで活動した稲田大尉指揮下のもの、そして第一五軍のものと三つあった。ここでいう西機関はビルマ方面軍主力の第一五軍の直系特務機関であった。光機関の分派機関を兼ねてはいるが、それ自身の組織は大きく、独自の活動を行い、いくつかの哨所《しょうしょ》（歩哨の詰所）や北機関も系列下にもっていたことがわかる（図4）。ここに出る藤原少佐はF機関長であった人物で、当時、第一五軍の参謀であった。諜報経験の深さから西機関の担当になったのであろう。さらに四四年末には東機関という第一八師団の特務機関もあった。また第二八軍の第五五師団には、明機関、敷島機関があった（図6）。

# 独立連盟、国民軍の育成

## 光機関への注目

光機関の資料は、アメリカ国立公文書館ではＯＳＳ資料群のなかにかなり多い。光機関の「月報」に注目し、活動範囲の広さに驚いたリットル中佐がＯＳＳ所属だったように、蛇《じゃ》の道はへびで、同業機関は互いにその事情に通じ、相手に関する貴重な資料を残すものである。光機関は日本国民も知らない非公然の組織であったが、連合軍は国民軍やボース周辺への諜報活動を通じ、初期の頃からその存在を諜知していた。光機関の組織・分析・人員などのＯＳＳリポートは価値がある。また「月報」はイギリス軍の諜報機関が日本軍から捕獲したものであった。イギリス軍の機関による光機関分析にも短いが、わさびがきいたものが多い。

終戦後、ＯＳＳ、オーストラリア軍などが日本の特務機関のリポートをまとめているが、それらのなかに必ず光機関の名前が出る。光機関が日本軍の東南アジアとくにビルマ、インド謀略のなかで重要な役割を果たしたことはまちがいない。

## 光機関の機能

光機関の本部は、一九四三年末に五つの部門に編成がえした。第一部門は総務・防諜、第二部門は独立連盟の指揮・スパイ訓練、第三部門は一般諜報・スパイ報告書作成・一般宣伝・写真制作・印刷・放送、第四部門は軍事諜報・特務・戦場宣伝、第五部門は政治教育、国民軍の軍事的指導に分けられた。また光機関支部は総務・防諜・諜報・特務の四つの部門をもっていた（RG 226 E 154 B 93 F 1757）。しかし光機関の組織がインパール作戦敗北後に大きく変わったように、これらの部門構成や機能も、戦局とともに変化した。以下、各時期の部門編成にはこだわらず、光機関の機能を独立連盟、国民軍の育成、スパイ教育、スパイ工作、宣伝の四つに大別して、まずそれぞれの概要を明らかにしたい。というのは、これらの四つは、通時的にこの機関の機能として重要と思えるからである。前線における防諜、軍事工作、懐柔工作、補充（投降者の国民軍への編入）、戦場宣伝などの機能はインパール作戦を説明する際に、四つの機能と合わせて説明する。

## ジフとは？

ビルマ前線の連合軍は二年前の悪夢にうなされていた。日本かいらい軍であったはずのビルマ独立義勇軍がビルマ国民に大歓迎され、日本軍とともに短期間に連合軍をビルマから蹴散らしてしまった。それと同じ事態がインドでも起こるのではないかとの心配がとりわけイギリス軍に強かった。すなわち、インパール作戦で日本軍とともに進攻してきた国民軍が、インド国民に歓呼で迎えられ、連鎖反応的に独立運動が全土に広がるのではないかとの懸念が強かった。とくに今回はボースという国民的人気の高い政治家がその軍隊を指揮するので、可能性は大いにありと読んでいた。

したがって連合軍側は、国民軍やボースを大東亜共栄圏成就のため日本軍の手足となって働くかいらいとしてのイメージを内外に浸透させようとしていた。イギリス軍やOSSの資料をみると、ジフ（JIF）とかジフス（JIFS）という言葉が目につく。OSS資料はJIFSをJapanese Inspired Fifth Columnists の略号としている（RG 226 E 154 B 93 F 1757）。ジフとは、日本軍の第五列とか、かいらい勢力として、連合軍側がボースや ボース率いる独立連盟や国民軍をきめつけた蔑称《べっしょう》である。たとえば、このOSS資料は「ジフは光機関のコマンドであって、軍人や私服もいる。それなのにスバス・チャンドラ・ボースの指揮下で、『自由インド仮政府』軍と称している。私服のジフは光機関の将校に直接指揮された工作員にすぎない」と述べている。

## 黒子役の光機関

光機関は日本軍とボース、インド独立運動体との橋渡しの役割を演じることになった。ボースの意向に沿って、光機関のリーダーたちは独立連盟、国民軍が日本軍のかいらい色を外部に印象づけないための演出に腐心した。実際には、日本軍は岩畔時代と同じくボースを軍事・政治工作の道具として使う意図に変わりがなかったが、誇り高いボースを傷つけない配慮から黒子の存在として、努めて表面に出ないようにした。

ボースの活動は光機関の支援を受けて、スムースに展開しだした。独立連盟と国民軍も、大物指導者の下でインド独立に向け、両輪となって回転しだした。四三年七月四日のシンガポールの独立連盟の東亜代表者会議で、自由インド仮政府擁立が議決され、主席にボースが選ばれた。日本政府は一〇月二四日、自由インド仮政府を承認した。仮政府は翌日、米英に宣戦を布告した。一〇月三一日、ボースは大東亜会議に出席した際、日本軍が占領していたベンガル湾のアンダマン、ニコバル諸島の仮政府への譲渡を要請した。そして政府、大本営は一一月六日、その要請を承諾する決定を下した。

このようなボースの活発な活動と短期間での成果は、光機関や日本軍の援助がなくして不可能であった。そしてこの経過を冷徹に観察したイギリス側は、ボースや独立連盟、国民軍、さらには新設のインド仮政府をジフと揶揄《やゆ》したのである。

さらに主要行事では、青少年訓練所での諸島譲渡感謝決議、独立連盟支部長会議、機関事務所での独立連盟関係者の午餐会、オリエンタルクラブでの支部長会議、基金寄付者招待会といったイベントを次々と開いたように、光機関が独立連盟を手とり足とりしながら育成しようとしていることがわかる。

### 光機関本部ボース出迎え準備

インド人とビルマ人は仲が悪かった。とくにインド人がビルマの経済界を支配していることがビルマ人の反発を招いていたが、相互に牽制させながら独立運動の芽をそごうとする、イギリスの植民地政策もその仲違いの原因であった。

ともかく、いけすかないインド人の独立運動のために、独立運動の政治団体や軍隊を首府に駐在させるビルマ人は面白くなかった。そこで軍政を施して半植民地化させながら、独立政府をビルマに樹立させた日本は、ビルマ政府を懸命に説得して、ボースらに活動の場を提供した。ビルマ政府への交渉・説得役が光機関に課せられていたことはいうまでもない。

「月報」によると、一九四三年一一月上旬にシンガポールで開かれた連盟東亜代表者会議で、ボース首席がアンダマン、ニコバル諸島の譲渡に歓迎の演説をし、東南アジア在住インド人の東条首相やボースへの信頼度が増大した。そして反英独立闘争の高揚とインドの独立が不可避となり、さらには大東亜戦争の必勝の決意、大東亜民族結集が進んだ。また仮政府のビルマ移転には、機関においてできるだけの便宜を供与し、防諜防衛上の注意を喚起したと述べ、ボースの宿舎をユニヴァーシティ・アベニューに設定したという。

**ボースの自立化への努力**

これではジフと批判されても、ボースや国民軍は反論のしようがない。そこでボース自身が自ら東南アジアのインド人に呼びかける募金運動を積極的に行いだした。それは「月報」の最後に記された「ネタージ基金」の獲得である（ネタージとは、ボースへの敬意を込めた愛称）。またインド人の青年を各地から募集し、国民軍の拡充を図った。

日本も国力が衰退して、ボースに十分な援助を行う余裕がないことをボースは承知していた。ボースは「小さなかいらいインド人の勢力が日本軍と協力しているなどと、イギリス側が反国民軍の宣伝を行っていることを知っていた」(Gordon)。ボースはこのイギリス側からのジフとの批判をはねかえすためにも、また日本側にも明言しているように、日本のひもつきでないインド独立を目指すためにも、日本軍とともに母国へ進攻する予定の国民軍の兵力を一万人から五万人に増す必要がある。できれば、日本軍の補完部隊でなく国民軍が主力となって、インドに進攻し、自ら独立の旗を祖国に掲げたいとの執念を燃やした。

**ビルマでの募金・募集活動**

母国に隣接した前線をもつビルマで、インド独立運動への関心が高まるのは当然であった。インド人はビルマの経済界を支配していたので、募金活動はビルマを中心に展開された。その際、各地で設けられた独立連盟がその活動を担った。いや独立連盟の支部は募金集めのために設立されたといった方がよかった。支部長、副支部長、幹事は地域のインド人によって選挙で選ばれたが、他の役員は三役が決めた。本部から幹部がきて支部集会が開かれ、反枢軸が糾弾され、枢軸が称賛された。その後に軍隊への人力提供と資金の援助が決議された。兵士の募集は説得よりも強制に近かった。集会の日に休業しないインド商人は連盟からきびしく処分された。独立連盟と国民軍の資金の募集は地方支部の毎日の主要な任務となった（RG 226 E 190 B 67 F 487）。

日本側がビルマを侵略したとき、イギリス軍とともに母国に帰ったインド人の財産は独立連盟に没収され、連盟活動の主要な資金源となった。独立連盟は光機関を通じて商業活動の許可証を発行し、インド人の経済活動ににらみをきかした。さらに光機関が独立連盟と日本当局の連携を図る役割を演じていた。独立連盟は光機関と国民軍の要望を受けて、カンベ訓練所に秘密戦士の候補者を送り込む役割を果たした。

## ボースの人徳

一九四三年七月にボースが独立連盟、国民軍の指揮権を握って、ビルマに現れると、強制的な動員に反発していた一部のインド人も、かれの運動に金銭やサービスを積極的に捧げるようになった。次は日本のビルマでの敗北が決定的となって、ビルマ在留インド人の動揺が目立った時のことである。

そういう悲境の中で、ボースさんの政治力に感心させられたのは、二〇年一月二三日に行われた彼の誕生祝賀会でした。このときわたしは、光機関の高橋喜代次少佐と出席したのですが、ボースさんの演説に感激した在留インド人が、ボースさんの体重の一倍半とかの宝石や貴金属を、独立運動の資金としてその場で供出したことでした。

(『昭和史の天皇』第九巻の磯田の回想)

かれの活動は募集・募金の両面で飛躍が見られた。多額の献金はアサド・ヒンド国民銀行設立の基盤をつくった。かれは金に余裕ができ、ビルマ政府首相バーモーの娘の結婚式には、ビルマ人の反インド感情を和らげるために五〇万ルピーの豪華な贈り物をした、とOSS資料は嫌味をいっている（RG 226 E 154 B 93 F 1757)。

独立連盟の将校はビルマ中をまわって、大衆との対話を行い、各地のインド人に協力と募金を要請した。それへの多額献金者が、光機関主催の午餐会へ招待された。

**中国での募金・募集活動**

ビルマと同じような活動はシンガポール、マレー、タイ、インドシナなどインド人の多い地域でもなされた。これらの地域では、光機関の支部が置かれていたので、その威光のもとにインド人への半ば強制的な働きかけがなされた。

中国でも上海、天津、広州、マカオ、香港などで活動がなされたが、上海をのぞき光機関がなかったため、独立連盟は日本軍や憲兵の力に依拠していた。上海の独立連盟は太平洋戦争勃発後まもなく結成された。あらゆる階層のインド人は反英感情が強かったので、独立連盟に共感をもった。

しかし上海の日本当局は租界居住や営業活動の許可権を楯に独立連盟への参加を半強制的に行ったので、それに反発する気分が醸成された（RG 226 E 182 B 21 F 117)。しかし当局に支援された独立連盟の幹部は日本のイデオロギーを高唱しながら、独立連盟への参加をインド人のコミュニティに求めた。裕福な知的階級は積極的な参加の姿勢を示さなかったが、貧しい人たちの参加は目立った。

事情はどの都市でも同じで、日本当局の権力と威光が目立つ活動であった。しかしかなり多額の資金が中国のインド人から集められたし、一部の青年を独立連盟の戦士とすべくマレーのペナン学校に向かわせる効果があった。

### 光機関依存の国民軍

このようにボースの登場と積極的な活動で独立連盟や国民軍の活動は、ビルマを中心に高揚した。ボースによる募金は独立運動を経済的に支援することになったし、青年兵士の募集は国民軍へ人材を供給した。しかし経済力があるとしても、インド人の力には限りがあった。金持ちほど募金を渋りがちであった。ボースの呼びかけに共鳴して人的募集が進んでも、かれらを教練するだけの募金額には達しなかった。

ボースは国民軍や仮政府の活動に必要な資金の募集のむずかしさを過小評価していた。しかしかれはインド人社会の貧困層や中間階級から熱狂的な支持を獲得した。だが問題は金持ち階級だ。

ラングーンの金持ちのハビブ氏が大義のためにかれの全財産を投じたが、かれは例外であった。ボースは日本軍から借金をせざるをえなくなった。仮政府はその金を返済するつもりだった。そこで形ばかりの金でなく、もっと多額を寄付するように南東アジアの金持ちのインド人に圧力がかけられた。しかしかなり多くの者が支払いを避けるべくあらゆるトリックを使った。(Gordon, p.499)

先の磯田の回想にあった在留インド人とは、ハビブのことであろう。大部分のインド人の金持ちは、日本軍の勢いに斜陽のきざしが見られだすと、ボースに冷たくなってきた。やはり最後はいやでも日本軍の力をあおがざるをえなかった。そのためには、ボースは光機関の幹部に援助を要請しなければならなかった。そうすれば光機関の発言力は強まる。事実、国民軍の育成のための訓練所の運営に、次第に機関の意向が反映していった。ボースが希望するインド自身による独立運動の真の自立の道はけわしかった。光機関に依存したジフとしての構造は基本的に変わらなかった。

# インド国民軍訓練所――スパイ養成機関

光機関やその前身の特務機関は、マレー作戦終了後から捕虜インド兵の再教育や東南アジア在住インド人青年の募集によって、国民軍の強化を図った。日本の大東亜共栄圏思想やインド独立意識の高揚などのイデオロギー教育に力を入れた。また日本軍の教練法を使い、国民軍に日本軍を補完させることをねらっていた。

**訓練のねらい**

訓練の目的はインド国内へのスパイ・破壊活動などの工作員の潜入、情報の無線連絡、前線でのゲリラ活動、インドへの進入路の発見、戦場宣伝、敵スパイの摘発、傍受などきわめて多岐にわたっていた。主要な訓練所はラングーンとペナン（マレー）にあった。OSSに確認された訓練所は、ラングーン五校、ペナン八校、計一三校であるが、一九四四年末の時点で活動しているのはラングーン近郊のカンベ訓練所、シンガングン学校とペナンのサンディ・クロフト学校だけであった。

### カンベ訓練所

カンベはラングーンの最大の訓練所である。これは一九四二年の九月にラングーンのクッシンク・ハイスクールの校舎で開校したが、激しくなった空襲を避けるため四三年一月にカンベに移った。当初の生徒はラングーンに住み、独立連盟に所属する一五〇名の一六歳から二五歳の若者であった。一九四三年一月には生徒が約二五〇名に増加した。教育期間は一ヵ月前後であった。ペナンの訓練所を修了した者で、カンベで再教育を受ける者が次第に増えた。四三年六月の時点のカンベの所長は栗田義典という嘱託の青年で、光機関の諜報・連絡部門の渉外係をしていた。一般の教育の対象は独立連盟や国民軍のインド人であった（RG 226 E 190 B 69 F 506）。ラングーンがインド工作の基地として強化されだした四三年後半からは、ここがすべての訓練所の中心となった（RG 226 E 154 B 93 F 1757）。

「月報」によると、このカンベ訓練所では、四三年一一月末で約七〇〇名の生徒を集め、占領地行政、特務、戦場宣伝、秘密警察（防諜）などの教育を行っていた。さらに一二月に入って、前線に近い出張所から届いた厳しい戦局の情報に対応して、戦場及《および》占領地特別工作隊を編成し、一〇名の無線通信教育隊も新設した。学科教科担当のインド人、日本人とも増加し、日本語教育、日本教練を強化するほか、行軍時間の増加、夜間非常呼集、夜間行軍を実施した。仮政府の進駐を前にして、防諜を強化するために厳選した三三名全員は、学業を怠けたり、任務に反したら「自発的ニ死刑ノ執行ヲ宣言」した誓約書に指を切って出た血で「血書宣誓」した。さらに新しくできた戦場及占領地特別工作隊は、訓練所運動場に天幕を張り、夜間は蚊に苦しめられたり、寒さにふるえながら、自炊生活を行った。かれらはさらに、ラングーンとモールメンの間四三〇里を強行軍しながら、五万人のインド人への宣伝活動を実施する予定だという。

**サワラジ学院、シンガングン校**

ラングーン市内にあったこの学校は、一九四二年末開校した。設立者はペナンでも訓練所を設立したインドの老革命家として有名なハリ・シンである。ビルマの独立連盟の協力をえて九〇人の学生を募集したが、その半数はパンジャブ出身者であった。教育の範囲が広かったことは、カンベ訓練所と同じであるが、反英イデオロギー教育とスパイ・破壊工作などの工作員教育に力を入れた。パラシュート訓練や無線操作のために、ペナンへ再教育に生徒を送ることもあった。

## ペナン訓練所

一九四二年後半にペナンでは、サワラジ学院、ペナン宣伝学校、チョプラ学校、イスラム教捕虜訓練所とシンハラ人向けの学校があった。ハリ・シンのサワラジ学院では、一九四二年八月にはじまった六週間の短期コースと一九四二年九月から翌四三年五月までの長期コースがあった。短期コースは三二人のマレー在住の南部インド出身の市民を対象にしていた。政治学、スパイ方法、潜入方法、秘密電信法、宣伝、インド史と地理が一日一〇時間教えられた。モールス信号、初歩暗号なども教えられた。ここでは、インドへの潜水艦による工作員派遣に主眼が置かれた。

長期コースでは、約一〇〇人が学んだ。やはり南部インド出身者が多かった。政治工作、宣伝、特殊スパイ活動の三班に分けられて、短期コースと同じ学科が教えられたが、内容はより詳細になった。しかしこの学校は一九四三年五月に閉鎖され、生徒はマレーの独立連盟の訓練所やシンガポールの国民軍将校養成センターに移った。

ハリ・シンの宣伝学校は一九四二年九月に開校した。独立連盟を通じて生徒を募集したところ、上海、バンコク、マレーから集まった。そのなかには捕虜もいた。一九四二年一二月、七〇名の生徒がいたが、四三年四月には一三二名となった。生徒は宣伝法のほか、兵器使用法、爆弾製造法、破壊活動などを教室で学んだ。さらにパラシュート降下法なども教科に入っていたようだ。日本語教育には失敗した。しかしこの学校の生徒にはラングーンのカンペ訓練所などに送られて再教育された者もいた。

**サンディ・クロフト学校**

これらの訓練所に遅れて開校したものの、連合軍にもっとも重要な学校と警戒されたのは、サンディ・クロフト学校である。これはスディラナンダ・ロイ医師を中心とした一二人のベンガル党が一九四三年に設立したもので、同年一〇月、ペナンの「サンディ・クロフト」というビルに移った。ベンガル党はボースの強い意向で誕生した。クラスは無線と宣伝に分かれていて、日本語で教育がなされた。海軍将校一人を含めた六人の日本人と五人のインド人が教官だった。生徒は五〇名以上いたといわれる。生徒は全員偽名を使っており、他人の本名はお互いわからなかった。訓練内容は幅広く、他の学校に比べ実践の武器・道具は比較的揃っていた。そして各種のペナンの訓練所の中心として、比較的高度な諜報教育を実施した。

〈サンディ・クロフト学校の訓練教科〉（RG 226 E 194 B 68）

一、電話施設の破壊。ただし電話線切断の訓練のみ。施設への見学なし。

二、爆破法。粗雑な自家製の焼夷弾などの使用。

三、ボートの訓練、ゴムボートの利用法、潜水艦試乗や海上からの上陸訓練なし。

四、家屋侵入法。初歩的なドア、窓侵入法の実践なし。

五、重点は宣伝とくに反英感情の煽動。

ここでは、主としてインドへの潜入方法が訓練された。インパール作戦敗北後も活動した唯一の学校であった（RG 319 "P" File B 2120, RG 226 E 154 B 93 E 1757）。

**畳水練**

しかし以上簡単に紹介したカンベ、ペナンの訓練所・学校は、インド独立のための訓練という共通の目的をもっていたが、共通のプログラムはなかった。ボースはこれらの学校に日本軍の先頭に立って正面から進攻する兵士や独立後の行政を担う人物の養成を望んだが、日本側は日本軍を補完するスパイやゲリラ戦士をインド側に期待した。つまりインド側と日本側とでは、期待の次元が違っていた。さらにこれらの施設には、光機関のスタッフが少数駐在し、監視役を果たしていた。学校活動に対する日本側や独立連盟の物資的・資金的援助が貧弱だっただけに、金のかかる実践的訓練を省き、黒板上の政治的、理論的なカリキュラムが多かった。そのため、卒業生は実践では失敗するケースが目立った。

# 光機関のスパイ工作

# 長距離潜入スパイ

## 長距離と短距離の潜入

光機関がインド兵を使って行うスパイ工作は、長駆インドの内部に潜入させるものと、インド国境の前線やその後方の比較的短距離の地域に潜入させるものに大別できる。いずれの場合にも、光機関が設立した訓練所・学校で一応のスパイ専門の教育をほどこした兵士が派遣された。一九四三年度の光機関年報は、その年のスパイや関連人物の五六八名のリストを載せているが、そのなかには明らかに派遣されていない人物もふくまれているので、正確なリストにはならないという（RG 226 E 154 B 93 F 1757）。一九四三年一二月の「月報」は、「十一月中印度内ニ往復セル工作員延二十七名」と記している。

## にせ札持参

ラングーン支部長だった北部邦雄中佐が、戦後次のように語っている。

わたしは十七年七月、北支政権軍事顧問から岩畔機関の一員にひっぱられた。岩畔君とは陸士三十期で同期という関係だが、岩畔君がやめたあとも引き続き光機関に籍を置いていた。ラングーンでやっていたことといえば、ビルマにいるインド人の反英分子を三百人ばかり集めて、諜報活動の訓練をする。訓練したものを潜水艦でボンベイ沖などに運び、ゴムボートでひそかに本国へもぐり込ませるわけです。

訓練の方は、栗田義典君という二十五、六歳、立命館大学出の青年があたっておった。はじめ大陸の勉強をしたいと北京へ来ておったが、わたしが南方へ行くといったら「ぜひ連れて行ってくれ」とついてきたもので、その献身ぶりは、インド青年の間でもなくてはならぬ存在でした。潜水艦の方は、ビルマ大使館付武官兼艦隊参謀長をやっていた中堂観恵大佐という人が手配してくれたが、珍しくものわかりのいい人だった。ただ、インドへもぐり込ませた連中に、一年半か二年は食っていける金を持たせてやるのだが、大蔵省の印刷局で英国紙幣を偽造してもらい、爆撃機で現地へ運んだが、新品で紙質がいいものだから使うとすぐばれ、つかまったのがだいぶいる。それでしまいには、マレーやジャワ、スマトラまで手をまわしダイヤを買い集め、それ

をズボンのすそなんかに縫い込んで持たせてやったりしたものです。（『昭和史の天皇』第九巻）

ここに出る訓練所がカンベ訓練所であることは、その責任者の栗田義典の名で判明する。印刷局でにせ札をつくってまでインドに潜入する大規模な工作を行っていたことがわかる。しかし四四年一二月一〇日付のＯＳＳ資料によると、国民軍の潜入者がインドの偽造紙幣を使っているものの、それは紙の裏面の線が切れ、実際よりも小さく、薄かったため、見わけやすかったようだ（RG 226 E 190 B 6 G F 30）。

また、コロンボにあるオランダの海軍の四四年五月一日付の週報は次のように述べている（RG 38 E Oriental B 8）。

## インド、セイロン（スリランカ）への潜入

最近、敵はインドへの工作員の派遣に力を入れている。困難な国境越えより、潜水艦や飛行機で長距離潜入を行っているようだ。この戦略的攻勢の強化は東方前線への日本軍作戦と連携しているが、ボース自身の意向の反映かもしれない。つかまっていない工作員はインドにはかなりおり、近い将来さらに潜入してくると思われる。内陸部やベンガル出身者がこの任務を帯びることが多い。この地域の挙動不審の人物にはとくに注意せねばならない。現在の情報では、ある統一

した計画の下にインドに長距離潜入の秘密スパイを送り込んでいる。かれらは軍事上の経済、政治情報を集めるように命令されている。またアングロ・アメリカンに不利で、敵を利する宣伝を行うこと、ペアで行動し、無線でえた情報を伝えることも任務である。

それぞれのパーティの間や同じパーティの他のメンバー間の接触をたもつ方法として、敵の支配地区を離れる前か、到着してバラバラになる前に指定した場所をきめ、そこに定期的に集まるやり方を一貫してとっている。すでに知られているスパイグループは、ベンガル、ボンベイ、内陸部、北インドに集中するようによく命令されているが、だからといって、南インドへの関心が低いと見てはならない。むしろこの従来の見方を訂正しなければならないのは、ある敵のパーティが最近セイロンに上陸したという事実である。南インドに影響する諜報計画や意図は今まであまり知られていない。だからこれからきびしく警戒しなければならない。防衛的措置が最高度の効率をもって注意深くなされるということが常に必要である。日本名ハヤシが四二年末、ペナンでセイロン人のスパイ教育を行っていたという資料もある。（RG 319 "P" File B 2120）

船舶や飛行機の輸送手段が連合国軍の攻撃で破壊され、貧弱になったにもかかわらず、それらを使ってインド、セイロン（スリランカ）の各地に日本軍がスパイを多数送り込んでいると連合軍側が警戒していることがわかる。しかしこれはオランダ軍が実態をかなり過大評価ないし過剰警戒したリポートのようだ。

## プリーグループ

光機関から東京、シンガポールに送られた暗号電報（「日報」四四年三月三〇日付）によると、二台の無線機をもった四人のスパイが潜水艦で三月七日ペナンを出て、一四日にインドのプリー（カルカッタの南西四〇〇㌔）に上陸したと陸軍が伝えてきた。かれらからのビルマへの通信は約二ヵ月後にはじまる予定とのこと。

ところがこのグループ全員が後にインド国内で捕えられた。かれらの供述に基づいたリポートがでている（RG 165 E 79 B 2588）。かれらはサンディ・クロフト学校で訓練を受けた。同期の六五人の生徒から選ばれたベンガル人三人とパンジャブ人二人の計五人は四四年二月から海岸のバンガローで暗号送受信、ボート漕ぎ、水泳、現地工作員との接触法などの最後の訓練を受けた。リーダーと二人の補佐はカルカッタで、残りの二人はボンベイで活動するはずであった。ところが出航前一人が脱落したため、四人がペナンで潜水艦に乗った。かれらはスパイと宣伝活動の任務を与えられていた。無線機、目覚時計、ギー（インドバター油）、二〇〇〇ルピー、ピストル、ナイフを与えられていたが、破壊道具は持っていなかった。かれらは三月一四日早朝プリーに上陸した。三人はカルカッタに向った。ところが別の一人は仲間を見捨てて、ボンベイで職を探してスパイ活動を放棄した上に、九月に警察に自首した。他の三人は相互に接触しつつ工作活動をしたが、得た情報を無線でビルマに伝えることには失敗した。逮捕の不安のなかで、一人はカルカッタを離れて上陸地に戻り、さらに一人はパンジャブの出身地に戻った。カルカッタに残ったのは一人となった。ところが全員がまもなくインド警察に逮捕された。

## 逮捕者続出

ラングーンのサワラジ学院の出身者で、後にインドに潜行して逮捕された者の供述によると、鉄道、電話線破壊や郵便局など政府ビルの爆破法などを学んだ。しかし暗号通信の教育はきわめてお粗末で、作戦の開始、終了などを示す簡単な暗号を通信するだけの訓練であった。インドへの潜入工作者がこの学校から多数出たが、ほとんど実践活動を行う前に逮捕された。彼らはビルマに情報を送ろうにも、送信機を持ち合わせていなかった（RG 319 “P” File B 2120）。

ともかく相変わらずスパイ工作の効率は悪いようだ。それにもかかわらず、いやそれだからこそ、「月報」には特務工作＝スパイ工作の訓練を強化したとの記述がよく出る。

一、十二月四日、連盟青少年生徒のなかから特務要員一六三名を選び、かれらに特務教育を開始。第一期の一般特務教育は本月末に終了する。次期は特殊教育を実施する予定。

二、無線教育要員第一次の教育を終了。第二次はすでに要員の選定をおわって、来月初旬教育を実施する予定。

スパイ教育と無線教育は平行してなされていたことがわかるが、その具体的な内容についてはわからない。

**伊号潜水艦からの潜入**

連合国側のスパイ尋問調書にはある逮捕者の行動が記載されている（RG 38 E Oriental B 8）。

かれは二三歳のイスラム教徒で工学部を卒業したインテリである。イギリス軍のインド兵として召集され、シンガポールに五週間いたとき、日本軍に占領され、捕虜となった。数ヵ月収容された後、かれは自発的に工作者訓練を受けるようになり、ペナンで宣伝、破壊、スパイなどの方法を学んだ。かれを含めた一二人が選抜され、インドに潜入し、スパイ活動を行う特訓を受けた。かれらは無線グループの六人と宣伝、スパイ、破壊工作の六人の二グループに分かれた。無線グループはペアの三組に分かれ、ベンガルなど三ヵ所で、別の工作グループはパンジャブなどで活動するように命令されていた。かれらはリボルバー、手榴弾と多額の紙幣や小さなダイヤモンドを持っていた。一二人のパーティは日本潜水艦に一九四四年二月二七日朝に乗り込み、その夕方出航した。パスニーとオルマーラの間のバルシスタン沿岸にゴムボートで上陸した。上陸後、かれらはカラート州の役人に自首し、デリーへ移送された。かれによれば、伊号二六は真珠湾攻撃に使われた古い潜水艦だが、同じ船で一九四三年八月に他のパーティもスパイとしてカティウァール沿岸に上陸した。船員は、この船は一万八〇〇〇トンで、マダガスカル沖で、〝クィーン・エリザベス号〟を撃沈したことがあると自慢していた。

ちなみにボースをマダガスカル沖でドイツ潜水艦から受け取った日本潜水艦は、同型の伊号二九であった。

## スパイと暗号

インドに潜入した工作員は簡単な暗号とその送信法を教えられただけであった。戦後、連合軍から尋問されたとき、磯田機関長は光機関は暗号やその送受信の施設をもたず、陸軍のそれを利用しただけだと述べているが、スパイ活動の機能をもつ光機関のイメージを弱め、自らの戦争責任を軽減させようとする配慮からの発言であろう。実際、連合軍の暗号解読資料には光機関発信の暗号が多い。また服部大佐は同じ尋問で、暗号の存在と使用を認めている。服部証言によると、特務班長の川村少佐は暗号や無線を扱ったインドへのスパイ送り出しで、国民軍と深い関係があった（RG 319 “P” File B 3178 No.232）。さらに別の資料によると、無線機を割り当てられたスパイがインドから交信する場合、その出力が弱いため、アンダマン島の海軍の施設を中継してペナンの光機関支部に送られた。そして光機関の支部で暗号を解読した後、ラングーンの本部へと伝送された（RG 165 E 79 “P” File B 2131）。したがって光機関が暗号や施設をもっていたことはまちがいない。問題はそれが幹部間の通信に利用され、スパイからの受信にほとんど活用されなかったことである（SEATIC No.226, No.211）。

**スパイ・システムの欠陥**

インドに上陸したスパイ工作員たちがなぜ早々と自首したのか。工作員や施設などかれらを支援するインド本土での受け入れ体制ができていなかったので、不安を感じたのであろう。かれらの多くは上陸地の場所さえ教えられていなかったため、その地理に不案内であった。また光機関への連絡方法も粗雑な無線機だけであった。無線機を持たない者が多かった。かれらはただアラカンの国境をめざして帰還すること、その際に日本軍に示す秘密のパスワードを示すことを指示されたのみであった。パスワードは〝光機関〟〝インド独立軍〟〝友達〟であり、ＩＤ（身分証明）はシャツの裏側に縫いつけた〝Ｔ〟であった（RG 165 E 79 B 2588）。ＯＳＳの光機関分析のなかに、「光機関の組織的活動は、とくに長距離の潜入の場合にそうであるが、まったく効率が悪かった。活動を始める地域に到着したとき、かれらをさらに導く準備がまったくできていないことが多かった。諜報の追跡ルートの設定が通常欠けており、伝達手段の準備もきわめて不十分であった」と指摘している（RG 226 E 154 B 93 F 1757）。

上陸地点に数人ないし一人で置かれたスパイ工作員が、敵国の防諜網のなかで不安を高め、自信をなくし、目的達成を放棄しがちになるのもやむをえなかった。かれらにインド独立のための情熱が欠けていたとは必ずしもいえないだろう。かれらへのイデオロギー教育が不成功であったわけでもなかろう。戦略的諜報活動のためのスパイのシステムづくりに欠陥があったのだ。ＯＳＳの分析は続いて、「日本人はこの欠陥にただちに気づいて、光機関の活動の全局面の改善を図っている。かれらは長距離潜入の過程を強化するために特別の注意を払ってきている」と述べている。はたしてこの欠陥は克服されたのだろうか。さまざまの資料を見るかぎり、日本軍も光機関も成功の低い確率を予測したうえでこの工作を実行していた。かれらの多くが逮捕されようが、それほど気にならなかった。なぜならかれらには、日本軍の諜報的価値のある情報を与えていなかったからである。かれらの一部分がインドやイギリス軍の情報を持ち帰ってくればそれでよかった。

スパイの多くは捕まった後に尋問され、処刑された。しかし一部は連合軍の逆スパイとしてビルマに意図的に帰還させられた。アメリカ陸軍諜報部の資料は、日本軍の諜報機関にまやかしの情報を伝える貴重な欺瞞チャンネルとして、連合軍は逮捕スパイを逆用したと述べている（RG 457 E 9002 B 90）。

## ボースのスパイ工作

光機関の「月報」の「特務」の項目は性格上、抽象的な表現にならざるをえないのだろう。次の記述がある。

### 「丁氏」とはだれか

一、先に派遣したO部隊タラシンニに携行させた無線連絡規定、連絡計画は、ドイツ大使館によって会議派が入手したことが確実と判断される。当方より送信を開始したが、まだ受信できない。さらに受信するよう努力する。

二、丁氏連絡者「チャンドラ・ロイ」は病気のため、出発を延期していたが、「ハカ」、「ルングレー」方面から潜入した。

最初の方は、タラシンニという兵士にもたせた無線の書類が国民会議派の手に渡ったことはドイツ大使館も確実と判断しているのに、なんら連絡が来ないとのことである。ドイツ大使館はおそらくビルマかアフガニスタン駐在のものだろう。ボースに近い会議派の政治家との連絡を行うインド人がおり、その派遣にはドイツ大使館が関与していたらしい。なお四四年八月六日付の連合軍の暗号解読資料は、ベルリンにK・R・ナンビアというボースの代表者がいて、ベルリンに来たインド人学生からインドの国内情勢を聞き出し、それをボースに伝達したことを示している（RG 457 B 914）。

また別に「ヨーロッパ、アジアでの日本のスパイ工作員の概要」という一九四四年一〇月作成のリポートがある。作成者はおそらくイギリス諜報機関である。このリポートの冒頭に暗号文に頻出する「T」とはスバス・チャンドラ・ボースとある。「T」と「丁」は同じ発音だ。つまり「月報」の二項目に出る「丁」がボースだということがわかる。さらに本書冒頭に出る参謀本部の「機密日誌」は、四四年四月一五日付でインド仮政府に言及したとき、「丁」仮政府と述べている。ともかく、ボースの密命を帯びたチャンドラ・ロイというインド人が、アラカン西部のハカから山越えでアッサムに潜入したらしい。行き先はわからないが、ボースに近い国民会議派要人にかれの用件を伝えるのが目的であろう。

**暗号解読に見るボース工作**

先の「ヨーロッパ、アジアでの日本のスパイ工作員の概要」によると、連合軍が傍受した暗号通信にでる「A」という人物はボースのためにインドとカブールの間で暗躍する工作員グループの一人である。かれはアフガニスタン日本大使館の七田公使と密接なつながりをもち、インドから七田に情報を送っている。四四年九月のカブールから東京への通信では「A」はドイツ大使館とも関係が深く、ドイツ側も「A」を貴重な工作員と見ている。

同じく暗号通信によく出る「RK」とはバーガット・ラム、本名ラーマット・カーンとみられる。一九四一年に、かれはボースのインドからの脱出を手助けし、カブールでの一時滞在の便宜をはかった。かれは、インドへ枢軸側情報や資金を持ち込み、インドからドイツや日本へ情報を持ち出す媒介工作の役割を担っている。かれはまたカブールのロシア大使館とも関係をもっているふしがある。

**ボース自身の関与**

ボースがこのリポートに出る「A」とか「RK」とかいう人物とビルマや日本などから直接接触の指示を出したという証拠はない。しかし「月報」の「丁氏」の連絡者だったチャンドラ・ロイはボースと関係が深く、かれの周辺にいて信頼された人物と思われる。したがって、ボースがインドへのスパイ工作員の派遣に関与した疑いは濃厚であり、その際光機関も介在していたと見てよいだろう。

またリポートにある「RK」がボースのインド脱出の手引きをし、カブールの滞在中、亡命先の決定に協力したことは事実である（Gordon）。その後、ドイツを経て日本側にボースが来てからも、なんらかの形でボースと連絡をとり合っていたらしい。おそらく日本の外交ルートや光機関を介在して電報・電信を交換していたのだろう。

さらに「A」なる人物が日本の大臣とも接触しながら、ボースのために働いていたとすれば、ボースとその工作員を日本政府の方で重視していたあらわれである。

ボースの側近で、かれと常に同行した人物（名前秘匿）が捕虜となって尋問に答えた記録がある（RG 38 Oriental B 8）。かれによれば、ボースは日本当局の許可をえて、オールウェーブの受信機をラングーン、メイミョー、シンガポールなどの事務所でもっていた。かれは速記者を雇い、英語、ヒンドスタニー語、パンジャブ語の放送を記録させていた。しかし英語放送が中心で、BBC、デリー、サンフランシスコ、東京、サイゴン、ベルリンなどの放送を重点的に傍受させ、その記録ノートに目を通していた。またボースの身辺警護に当たった憲兵隊司令部の北野武夫はこう回想している。

官邸は二階に部屋が四つあり、全部ボースさんの寝室、居間、会議室にあてられていました。階下も部屋は四つだが、広間と食堂兼台所があり、わたしとシーク人の大尉が二人――これはインド側のボデーガードと親衛隊長――、副官のラワット中尉、ほかに身のまわりの世話をする二十四、五歳のインド青年が住んでいました。もちろん、門には国民軍の衛兵の詰め所があったが、官邸に住んでいたのはこれくらいだったと思う。

官邸のほかに木造の仮政府庁舎があって、ここには背の低い、メガネをかけ、ヤギヒゲをはやしたサハイさんという官房長官がおり、ボースさんの政治秘書みたいなことをやっていたし、また別に国民軍司令部があり、ここには参謀長のボンスレー少将、サイガル中佐なんかがいましたが、ボースさんは仮政府へも、国民軍司令部へも前後数回行ったきりで、何かあると、みな幕僚を官邸へ呼びつけて、午前一時、二時まで二階で会議をやっており、親しい光機関の千田さんや国塚さん、それに軍の片倉参謀などもよく来ました。そういう日本人がたずねて来たり、招いたりするときは一階の広間を使っていましたから、官邸の二階というのは、日本人はだれもはいれないという形になっていました。それに、二階でインド人同士で話すときは、絶対に英語は使わなかった。（中略）

わたしが官邸に住んいる間に見つけたことで、これは上司に報告すべきかどうか迷ったことが一度あった。それは、日本人がシャットアウトされている二階のボースさんの〝城〟に、偶然はいったことがある。なんのためか忘れたが、ガリ版刷りをつくる必要があり、二階の副官のいるところにその道具があると聞いていたので、何気なく一番奥の部屋にはいったら、そこに優秀な短波ラジオが置いてあるんです。ちょっとダイヤルをまわしてみたら、英語、インド語、その他いろいろな放送がはいって来た。さてはラワット中尉が、毎日これを聞いて敵側情報をボースさんに報告しているのだなあ、と思ったものですが、まあ、ボースさんの立場としては当然のことなので、結局、光機関へも憲兵隊へも報告はしないことにしたのでした。

しかし、それかあらぬか、インパール作戦がはじまってから、ボースさんの表情が沈痛、無口になり、そのころから日本側、特に光機関との間がうまくいってないらしいことが、だんだんはっきりしてきて、日本側から何かいっても、ボースさんの方で、勝手に動くといったことも起こりがちのようでした。(『昭和史の天皇』第九巻)

短波受信の許可の件で、二人の話は行き違っていたが、いずれにせよ海外の最新情報をボースが独自に入手していたことはたしかである。かれはそれを通じてえた情報で宣伝などかれの活動や政治的判断を行っていた。それとともに暗号によるインドの工作員への指示を出していた可能性もある。その場所は公認の光機関の本部ばかりでなく、かれの秘密の設備のある官邸二階であったかもしれない。

**スパイ基地アフガニスタン**

この「ヨーロッパ、アジアでの日本のスパイ工作員の概要」によると、「MO」の諜報リポートというのがあったらしい。MOは機関なのか個人なのかはわからないが、反英組織であることはたしかである。いずれにせよ、「MO」はカブールで「A」はボースとかかわっていた。かれは武力反乱を準備するインド国境の少数民族に武器や爆薬を提供する陰謀に加担しているらしい。「MO」からの直接的なメッセージは解読されていないが、「MO」が辺境民族、「A」、ボースとのつながりを保っていることは、通信内容から推測できるという。

アフガニスタンとビルマの間には、インドがあったため、かなり距離が遠い。それにもかかわらず、両者が結びつくのは、アフガニスタンが実質的に中立国の立場に近かったせいであろう。カブールは各国の外交官、スパイ、軍人が暗躍しながら、諜報・謀略工作を演じるセンターであった。

スパイ活動を行っていると見られる別のグループは、アフガニスタンから来たアフガニスタン人である。かれらはインドへ来て、金貸業を営んでいる。かれらはアメリカ、イギリス軍の前線や駐屯地でも商売をしている。かれらの取締まりはきわめてむつかしい。なぜならインドにはパスポートを持たないアフガニスタン人は登録の必要がないが、パスポートの所持者は登録の必要がある、という奇妙な法律があるからである。このためアフガニスタンの首都カブールは日本の活動センターであって、カブールから東京へラジオで情報を送っている。われわれインド警察もカブールに適当な工作員を出した方がよいかもしれない。この点でもイギリスと連絡するのが望ましい。

(RG 226 E 190 B 69 F 506)

この引用文は、ＯＳＳのルービンシュタイン中佐が一九四四年三月二五日にアッサム州都シロンの警察署で会った諜報関係のインド人警官の発言である。かれはインド、ビルマでの日本の工作活動を調べる専門家とのこと。アフガニスタンが日本のスパイ工作の基地となり、日本側がそこから送り出したスパイ工作員がインド、ビルマ国境の前線やその後方の情報を収集していたことがわかる。そしてボースも直接、間接にその工作に加担していたことも推測できる。なお別のＯＳＳ資料には、アフガニスタン日本大使館の全員がスパイとの現地人の発言がでている。

## 国民軍の役割

**短距離潜入**

西部戦線のイギリス軍、北部戦線のアメリカ軍、中国軍の前線やその後方に進入し、それらの情報を把握したり、敵文書盗取、将校の暗殺、無線、橋梁の破壊などの積極的工作を行うことは、光機関のみならず日本軍全体から国民軍のインド兵にもっとも期待されていた。長距離よりも短距離の潜入の方が弱体化した日本軍の戦力からして、戦術的な成果をあげやすいと思われていたからであった。西・北部の峻険な山越えとそこに構築された連合軍の陣地自体が大きな障害であったが、その踏破が敵の動向、地形把握、日本軍の進入路を探索することにつながったので、国境越えの潜入はいわば斥候的な役割として奨励されていた。

## 国民軍の前線組織

「月報」の記述をまとめると、一九四三年一二月の国民軍の前線組織は次の図7のようになっていた。特殊工兵連隊、防空第二中隊、工兵中隊、特設自動車隊は前線の活動を支える後方支援の部隊である。前線部隊は遊撃連隊と隊部にわけられていた。遊撃連隊は第一連隊から第四連隊まであるが、それぞれの配属先まではわからない（実際は四四年三月、第三三師団の作戦に参加）。隊部は任務別に特務隊・情報隊・補充部の三つにわけられ、それぞれが次のような任務分担となっていた。

特務隊――主として前線付近における特務工作（主として軍事工作とそれにともなうインド内住民の懐柔工作）。

情報隊――主として前線付近における情報収集を任務とするほか、必要に応じて敵の後方地区に潜入して情報収集にあたる。

補充部――主としてインド国民軍の補充・増加を任務とする。このためインド兵（グルカ兵を含む）捕虜、投降者を処理区分し、インド国民軍の補充、増強を図る。

特務隊と情報隊はスパイ活動を行う点では共通しているが、前者は武器を使った軍事工作に重点を置いていた。もちろん具体的な前線活動の際には、両者の活動の識別は困難であった。また特務隊と遊撃隊の区別もつきにくかった。補充部は敵のイギリス軍にいるインド人、グルカ人の兵士が捕虜となったり、投降した場合に、かれらを尋問し、国民軍への参加の意志、忠誠の度合いが高いと思われる者を兵士として国民軍に編入させる任務があった。これはインド兵、グルカ兵の大量投降があったマレー作戦と同様な事態がインパール作戦でも起こることを予想して編成された部隊である。

図7　インド国民軍の前線組織（一九四三年一二月）

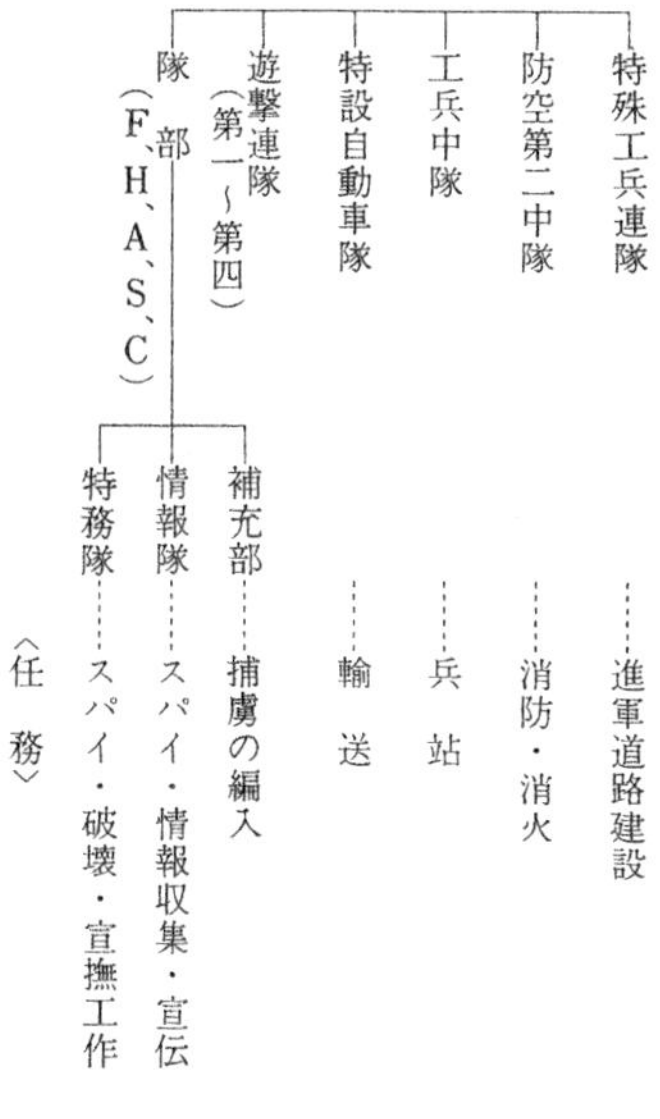


**方面軍の命令**

インパール作戦の準備が着々と進んでいた一九四三年一二月六日、ビルマ方面軍司令官河辺中将は次のような命令（森方作命甲第二一三号）を出した（「月報」）。

一、インド国民軍情報隊および補充部の各四班を、一二月一〇日以降なるべく速《すみやか》にマンダレーに前進させ、第一五軍司令官の指揮下に入れること。なお、インド国民軍特務隊三班を第一五軍方面光機関分派機関に派遣し、その工作を強化させること。

二、インド国民軍情報隊および補充部の各一班を、一二月一〇日以降、なるべく速にアキャブに派遣し、すでに派遣した特務隊を増強し、その方面の光機関分派機関の工作を強化させること。

三、第一項部隊が第一五軍司令官の指揮下に入る指揮移転の時期は、ペグー通過の時とする。

四、第一五軍司令官および第五五師団長は、前各項部隊の増強にともない、さらに対インド軍工作および情報収集を強化せよ。

五、第五特設鉄道司令官、第五四師団長は第一、第二項関係部隊の輸送を担当せよ。

国民軍の五つの隊部の特務隊、情報隊ならびに補充部をアラカン、フーコン方面担当の第一五軍とアキャブ方面担当の第五五師団に配属する命令である。隊部のうちFは第三一師団、Hは第三三師団、Aは第五五師団、Sは第一五師団、Cは第一五軍（配属師団未定）に配備された。連合軍との小ぜり合いが戦闘へと拡大しはじめた。日本軍は前線の分派機関に国民軍を入れて、スパイ、破壊、宣伝、情報収集などの任務につかせ、前線の諜報活動を強化することになった。光機関の出張所や軍の分派機関（前掲図4参照）には、インド兵が出入りするようになった。前者にはインド兵だけであったが、後者にはビルマ兵、少数民族に加えてインド兵が姿をあらわした。それとともに分派機関は今までの国境付近の少数民族工作に加えて、インド人工作をも担当することとなった。

**国民軍の指揮系統**

国民軍は日本軍と対等の立場で行動するというのが、ボースの強い要望であった。先の方面軍命令と同時に出された方面軍参謀長の指示のなかに、次の項目がある。

一、光機関ビルマ支部長は各分派機関の長に対し、必要に応じ第一線師団とインド国民軍間の連絡にあたらせる。またインド国民軍の運用に関し、方面軍司令官に対し適宜必要な意見を出すとともに関係の軍、師団長に対し必要な要請を出すことができる。

二、インド国民軍の指揮、運用にあたっては、努めてその軍の指揮権を尊重し、細部の事項に関しては、光機関から出す指導将校または下士官に内面的に指導させ、インド国民軍自らが運用している形態をとることにする。このため各兵団は必要な連絡者を設けて、運用の適正を図ること。

三、インド国民軍の対敵宣伝は、第一五軍正面においては、作戦計画を秘匿するため、作戦開始までは実施しないことにする。作戦開始後は、別の指示にしたがって、インド国民軍の活用を図ること。第五五師団の正面では、当初からインド国民軍を使って活発な対敵宣伝を実施してもよい。

光機関の出張所や分派機関長は軍、師団と国民軍との間の連絡にあたるが、国民軍の部隊を担当する光機関の将校、下士官は国民軍への直接的な命令権はなく、「内面的に指導」する程度におさめるという指示である。つまり国民軍を上からの命令で指揮する権限は光機関にはなく、光機関員は国民軍と日本軍の調整役にすぎなかったことがわかる。また命令権のある軍も国民軍との連絡者をつくって、問題が起こらぬようにし、問題が発生したら上層に意見を出すというきわめて、国民軍に気をつかった指示となっている。

しかし日本軍では作戦上、国民軍を弱体と見なし、特務、諜報、宣伝などの補助的な任務につかせることになった。参謀長の指示の第三項にあるように、正面での宣伝活動は、作戦計画を秘匿するため、最初は国民軍に参加させなかった。また敵との戦闘の場合でも、ゲリラ戦のような本隊支援の任務しかあたえなかった。国民軍の戦力ばかりでなくその秘密保持能力にも日本軍は疑問をもっていたことがわかる。つまり国民軍には元インド軍の捕虜が多かったので敵側の諜報工作に乗りやすいとの心配を日本軍はもっていた。したがって国民軍は正面作戦のみならずスパイ工作でも、その能力や役割が日本軍から低く見られていたわけである。

# 作戦直前の光機関——ホマリン

ホマリンを拠点とした工作は一九四三年八月、西機関の米村中尉によって着手されたが、国境の少数民族対策の域を出なかった。四三年一二月一九日、光機関のホマリン出張所に着任した金子昇大尉は、まず遊撃隊、工作員の教育と潜入路の開拓に力を入れた。ホマリン訓練所を開設し、金子班を第一班インド人、第二班グルカ兵、第三班チン人、第四班ビルマ人、第五班カチン人、別班捕虜と区分し、反英教育、小銃・手榴弾の使い方、潜入、連絡の要領を教え込んだ。

## 丸山静雄の記述

奥地の交通は密輸で開けるもので、しかもこの対象となるものは大部分が阿片であった。チンドウィン河流域のビルマ人、シャン人の商人や阿片患者を洗っていくうち、細々とこの密輸路の全貌が明らかになってきた。いずれもホマリン周辺を起点として、チ河を渡り、北からネルへマを経るものと、南からトフへマを経るものとがコヒマに通じ、更にインパールに繋がるものが一本あった。

このルートに沿う部落を金子大尉は片っ端から洗って行った。商業、交通の状勢から、部落内の勢力争い、種族の特性と、あらゆる方面から探っていくうち、有力な親工作員候補としてウクルルVフォースの分隊長リンシとグルカ兵クリュナバハードルを発見した。リンシはウクルル地区の有力者であり、Vフォース分隊長を兼ねていたが、反英意識が強かった。

金子大尉は秘《ひそ》かに彼らに逢い、日本軍の作戦計画を明らかにし、インパールが早晩陥落し、東印度一帯が日本軍の勢力圏内に入ることを強く説いた。その時には滔々《とうとう》として日本勢力が増強しつつあったので、リンシもこれを信じて参加を誓い、付近の部落を手なずけること、ウクルルVフォースを解体すること、開戦時には暴動を起こすこと等を約した。

クリシュナバハードルはコヒマの出身でマニプール、クキ、ナガ各語に通じていた。ネパール工作要員としては、かねて手許に養ってきた十数名のグルカ兵があったので、これを彼につけてコヒマに潜入させようとした。とりあえずコヒマを拠点として将来のネパール工作の基盤を設定しようとする狙いであった。しかしクリシュナバハードルは潜入地点で逸早《いちはや》く英軍の巡邏兵に発見されてしまったので、金子大尉は第二段工作として、彼の義兄バハードル中尉がダージリングのグルカ警備隊長として信望の厚いのを利用し、これと連絡してネパール国外から反英運動に火をつけることを考えた。

十九年に入ると共に前線工作も活発化した。地形偵察、軍情入手のためには一月四日から二月二十八日までチン工作員九組、シャン工作員三組、グルカ工作員八組が投入された。彼らのうち幾名かはマラリアに倒れ、幾十名かは英軍の巡察、斥候に襲撃され犠牲となったが、よくウクルル、パケケズミ、カロン、カヂヘマまで潜入した。

宣伝工作としてはグルカ工作員三組、チン・カチン工作員数組をそれぞれ派遣、伝単、写真、肉筆入り手拭などを部落や路上に配布、デマを縦横にばら撒《ま》いてグルカ、チン、カチン兵の切崩しを目標にしたが、開戦期日の切迫するにつれて兵団の企画秘匿に重点を変え、兵団はホマリン地区を渡河するので、遥か南バウンビン地区をあたかも兵団の作戦地域であるかの如く装うため、この方面に頻《しき》りに密偵を出入させ国民軍を動かし、渡河材料を集積する等陽動工作を実施した。

開戦と同時に実施する威力工作の準備としては、チン人工作員による英印軍将校、反日部落有力者の抹殺、カロン鉄橋、タム鉄橋の爆破、シタン—タム間通信線の切断、各監視所の焼却、チャサットVフォースの反乱をとりあげた。

このため要員を選定して暗殺、爆破、放火の手段を教え、反日家、将校の名簿を作り、チャサット兵舎に対しては外からクキ族工作員、内部からは分隊長パコマンが応ずる手筈をきめた。相手側工作を妨害するためには、周辺の住民を使嗾《しそう》して糧秣《りょうまつ》、塩、野菜を隠匿せしめたり、部落を強制移住せしむる等の非常手段さえとった。

兵団の作戦準備が進むとともに、英印軍の警戒も厳重となり、チンドウィン河を挟んで彼我の密偵、諜者が入り乱れるに至った。Vフォース、キング・スカウト、アッサム連隊と英印軍の諜者も各機関からそれぞれ派遣されているに対し、日本側も部隊斥候が出る。光機関の工作員がとび、西機関の諜者が出入するといった工合で、まさにまんじ巴の乱闘暗躍であった。(『中野学校』)

ここに出てくるV・フォースやキング・スカウトとは、イギリス軍の原住民をつかった工作部隊である。なお憲兵隊では、労働者に変装してホマリンで日本軍の行動を偵察しているチン族のスパイ数人を開戦直前逮捕したが、イギリス軍側のスパイ網はビクともしなかったようだ。

## 第三一師団下士官の回想

以下はコヒマの進攻を担った第三一師団第一三八連隊第二大隊情報収集班の米田忠夫下士官が西機関と協力して行った作戦直前の現地人工作の模様を記述したものである。

ホマリンには、軍直轄の特殊工作機関である、泉谷中尉以下少数人員の、西機関員が、「ウ号」作戦準備のための、情報収集と、住民宣撫のために、派遣されていたので、これと密に連絡をとりつつ行動することになりました。

私達は、既に西機関の方々が、部落から少し離れたところに、住民に造らせておいた兵舎（屋根はニッパ椰子の葉で、壁はアンペラ、床は竹を並べただけの、風通しのよい、粗末な小舎）に、落ちつきました。

ビルマの部落民と雖《いえ》ども安心出来ませんので、警戒しなくてはならず、又地形的に淋しい所でもあり、少人数での任務には緊張の連続でした。

情報班の給与は、現地にて調達することになっていましたので、僅かな期間でしたが、隊長以下一つの釜の飯を食べ、責任の重い中にも、和気藹々として苦楽を共にしたものでした。或る時には牛一頭の焼肉に、舌づつみを打ったこともありました。

然《しか》し、これらには部落民が協力的で、西機関員の住民宣撫が、行き届いていたお蔭と、感謝せざるを得ませんでした。

任務について、約一か月半位経った頃、西機関の泉谷中尉は、作戦時の渡河にあたり、対岸の道路の情況、敵情、部落民の動静など偵察のため、チンドウィン河の渡河を計画され、片岡隊長以下と護衛兵全員は、これに同行することとなりました。この中の一部は、現地人の服装（ロンジー姿）になり、土民と現地人を道案内として、ある日の払暁行動を開始し、小舟にて、対岸に渡河いたしました。（中略）対岸に渡った一行は、灌木の覆《（ママ）》い繁る湿地の谷間を、ビルマの鉈（ダー）で、伐り拓き小径をつくりながら進みました。苦労して約四、五時間も進んだ頃、小高い山上に、カチン族の部落が見えました。ここは戸数にして十二、三戸もあったのでしょうか。（部落名不詳）

此《こ》の部落の入口は、大きな木で周囲をかこんであり、四方の急斜面には陸稲畑《おかぼ》が見え、周囲を展望するのに都合のよい地形に造ってあります。聞くところによると、外敵（土民同士の争いなど）を防衛するための要塞の様に、睨《にら》みを利かす地形になっているのだそうです。部落の所々に、グロテスクな動物の頭蓋骨を、三米《メートル》位の柱の先につけたのが、何本も立ててあるのが特に目を引きました。

土民は裸で（前だけは小布で、かくしてあるのです）。真黒なからだをして、顔には入れ墨がしてあり、耳、鼻に、穴をあけて、金属の輪を嵌め、皆棒を持って出て来ました。獰猛な容貌は、映画に出て来るインディアンの人喰人種を連想し、はじめて見るカチン族に、驚いたものでした。道案内の現地人が、何か彼等と話し合ったので、警戒した様子もなく、歓待してくれました。

彼等の住居は屋根の低い、日当たりの悪い小屋で、中に入ると、薄気味悪い彫物をした飾りが、沢山目につき、印象的でした。自慢のドブ酒と、陸稲で作った、握り飯のようなものを、出してくれましたが、気味悪く、手が出ませんでした。

土民の言に依りますと、私達の、三日位前の、英印軍のゴルカ兵、游動斥候らしい者が、来たとのことでした。（『烈百三八ビルマ戦線回顧録』）

## 「月報」の記述

ホマリン出張所の正面の国境には、少数民族が数多い。それぞれの宗教、言語、性格も異なっているので、工作にもそれぞれ特別の方法がいる。さらに各民族居住地帯への潜入路も極度に制限され、わずかに二、三の狭い道があるのみであるが、また作戦や軍の意図を秘匿する必要もある。したがって工作の進展はきわめて困難であるが、方面軍や西工作班と密接に協力し、次々と少数民族の懐柔に努めたため着々と成果があがっている。

インド人無住地帯であるホマリン正面の潜入路開拓のため、チャン人、チン人の獲得、懐柔に努めていたところ、チン人の連絡者が次々と増加し、一〇月中旬には総数約六〇名、三〇ヵ村を数えた、ウラルー正面の敵警戒部隊第一線中隊駐在以東の地区に住むクキ族は土侯をはじめすべてが日本軍に連絡し、軍進攻時の各種の協力はもちろん、その一部が日本側工作員の潜入、潜在に献身的な協力をしてくれている。この間、一部クキ族はときにはV・フォース隊員を逆用し、直接敵グルカ兵に対する切崩しを行ったため、敵にあたえた精神的動揺は大きかった。チンドウィン河以西約二五キロ以内は主としてそのクキ族の居住地区であり、そこへの工作員の往復は容易であるが、いわゆるクキ族は保守、退嬰的な性格で、自らの危険を招くからとして、日本側工作員による積極的工作（敵文書盗取、英人将校の暗殺、無線通信器材の破壊など）はもちろん、敵兵営に対するビラ撒布等も極力拒否する。

作戦開始直前には、積極的工作を実施すべく密約し、工作員の拠点を前進させ、チン人の懐柔工作を強化し、情報収集、宣伝工作に専念する一方、対インド内潜入工作員を次々と派遣している。

一一月中、インド内に往復した工作員は延べ二七名である。

（イ）インド国民軍ニッカラム少尉以下三名は西機関の援助で一九日ピンマ連絡所を出発、コンヒン、サラム、ティンモ、マクアレ経由ディマプール方面に出発した。この迂回路は蕃族《ばんぞく》、寒気、食糧の障碍《しょうがい》がきわめて大きく難路である。

（ロ）カーン班四名はウクルル方面潜入の目的で、マオコット（チャム西南方一〇キロ）まで潜入したが、敵の巡察に発見されたため帰還した。

（ハ）N要員三名はチャサット西方の間道からインパール経由で出発したが、ラカン、チャサット東方五キロで病気になり、予定を変更。クリシナバハドルはチン人に変装し、敵グルカ兵の哨所に野菜と砂糖を物々交換し、チャサット兵舎を綿密に偵察した後、全員再挙を期して帰還した。第六班リング以下三名はモールシン（チャム南方一〇キロ）に待機中であるが、チャム道は敵部隊の横行がはなはだしく、目的地コヒマ南方への潜入は困難である。

米村大尉が一九四三年七月八日、二人の日本人とホマリンに来て、光機関出張所をつくった。一九四三年一二月、出張所の将校は四三年一二月に金子に代わったが、かれはそのとき二人の下士官、二人の日本人雇員の上にいた。ホマリンのジフはアジミルシン「大尉」が指揮していた。かれは英印軍のパンジャブ部隊の少尉だった。捕虜となった後、国民軍に加わり、一九四三年一二月、ラングーンから隊部情報隊、補充部を率いてホマリンに着いた（RG 226 E 154 B 93 F 1757）。

**OSSリポートの記述**

以上、四つの資料から、ホマリン地区でのインパール作戦開始直前の光機関員と各民族工作員の動きをふり返ってみた。インド人の工作が国民軍の投入とともに活発になったことがわかる。光機関ではとくにアラカン西方のディマプール、コヒマ地区への進入路をかれらに開拓させようと努めているが、なかなか敵の工作も活発であり、自然条件もきびしいため困難である。とくに「月報」には、「蕃族、寒気、食糧の障碍」「難路」「敵巡察」「グルカ兵の哨所」「敵部隊の横行」などその後のインパール作戦の難行苦行を警告するような文言が連なっている。しかしインド兵のたび重なる国境越えの短距離スパイ工作が、その帰還率は低かったものの、かなり重要な兵要地誌を伝え、第三一師団の比較的迅速なコヒマ占領の道を開いたことはたしかである。

もちろん金子班や西機関、さらには第三一師団各連隊情報収集班の地道な少数民族への懐柔工作が寄与するところも大きかった。アラカン山系東方に限ると、インド人よりも少数民族の方が工作員として役立った。チン、シャン、クキ、カチンなどの地元民への工作をイギリス側と対抗しながら展開し、かなりの効果をあげたようである。連合軍側は野菜種、針、マッチ、石鹸、鏡、塩、衣料などを工作に使っていた。「月報」に出ていたクキ族にアメリカ軍が野菜の種を与えたところ、大歓迎され、そのニュースは村々に口頭で伝わった。そこで連合軍は各地に空から野菜種の袋を撒布することが多くなった。日本側もまだ開戦前は余裕があったので、手拭、マッチなどを使っていた。

もちろんビラ、写真入りパンフレットなどを双方とも撒布した。敵を攪乱するデマの拡散工作も、工作員の重要な任務であった。そして連合軍の物量作戦に追われてくると、「我々日本人はイギリス人のように白くない。君らと同じ色だ。われわれは兄弟だから、イギリス人をここから追い出そう。この短剣のへこみを見よ。これはイギリス人をシンガポールで切ったときにできたものだ」（RG 208 E 6G B 3）と反英感情を煽《あお》ったりした。

# 作戦時の前線光機関——コヒマ

## 金子班長の回想

金子工作隊には日本人三〇人、国民軍一三〇人のほか第三一師団から二個小隊の援護があった。師団の隊列と同じく四班（実際は三班——引用者）にわけ、三月一五日夜二二時、チンドウィン河を渡った。インド人たちは大張り切りで、二〜三日で国境を越えたときアジミルシン大尉が「おお、わが祖国！」と土を両手に握りしめながら喜んだ。道のないところは工作隊が先行して道をつけ、途中の集落で宣《せん》撫《ぶ》工作をしながら進んだ。コヒマには四月はじめに着き、インド兵の切崩しと民衆宣撫をはじめた。四人で一班の宣伝隊をつくり、敵陣内に潜入、二、三十メートルの距離からメガホンで投降を呼びかけた。すると敵はあわててインド兵を引っ込めた。夜はゲリラ戦を展開し、方々の山に火をつけて後方攪乱をした。しかし師団の食糧が底をつき、戦争どころでなくなった。幸い工作班は任務の関係上、戦闘部隊より食糧が手に入りやすかったので、餓死の心配はなかった。

そのころ、おもしろい話があるんです。朝点呼をとったら、インド兵が十五人ほど多いのです。おかしいと思って調べたら、これが、なんと、ほんものの英印軍なんです。服装も同じだし、ことばも通ずるものだから、敵のインド兵が夜間偵察に来てまぎれ込み、われわれのテントで寝ていたわけです。こっちの方がびっくりしたが、

「ここをどこだと思う」といったら、

「どこですか」「日本軍の方のインド兵陣地だ」

といったら、とび上がって逃げようとする。「逃げるな」と押さえてから、アジミルシン大尉が、

「われわれはチャンドラ・ボースを中心とするインド国民軍であって、インド独立のためここまで来たんだ」

と熱心に話すと、英印軍のインド兵もすっかり感激したか「おれたちもいっしょにやる」ということで、そのままわが工作隊にはいってしまったのです。

ところが、全然その逆の話もあるんです。そのうちに、さすがの工作隊も食糧がなくなってきた。ときどき配給されるモミを、鉄カブトに入れてコツコツついて食べるような事態になってきた。とてもそれだけでは足りないので、付近の山中を捜して、サルでもなんでも、手あたりしだいにとっていたころのことなんですが、ある朝の点呼で七人足りなくなっている。こちらは彼らを信用していたから、まさか脱走したとは思わない。すると、谷の向こうから「金子サーン」とメガホンで呼ぶ声がする。耳をすますと、どう考えても声のするところは敵陣で、しかも声から判断して、名は忘れたが回教徒の少尉なんです。

「金子サーン、金子サーン」という。

「どうした」と反問したら、

「こっちへ来なさい。コーヒーあるよ。ミルクあるよ。パンあるよ。ごちそうたくさんある。こっちへ来なさい」という。

いや、あのときは弱りましたね。

「バカモーン、いまにこちらが進撃して行ってインドが独立したら、反逆者として捕らえてやるぞ」

と大声でどなり返してやったが、国民軍の連中は、多少日本語はわかるにしても、〝反逆者〟なんていうことばはわからなかったでしょうね。（『昭和史の天皇』第九巻）

## 丸山静雄の記述

第三一師団部隊は三縦隊編成であったため、工作隊も三班で進んだという（図8）。途中で工作員を放ち、集落に治安維持会を作りつつ、四月一四日までにコヒマに入った。グルカ工作員らと野上曹長がメガホンやハンカチで投降を呼びかけたところ、三〇人ほどのインド兵が投降してきた。しかし曹長は銃で打たれ死亡した。コヒマを占領したものの、側面、後方の地上部隊、空からの空挺部隊が第三一師団を孤立させた。周辺集落は金子工作班にとって未知の原住民だった。

コヒマ集結を終わった金子工作班はかくしてコヒマを本拠とする工作戦を展開することになり、大沢、久保班と、カンチから追及してきた神本班を加え、これに印度国民軍、工作員、ミチナ出張所員をことごとく所属させた。

工作隊本部は金子大尉、アジミルシン大尉以下七十八名で、コヒマに位置して印度兵の切崩しと民衆宣撫に当たった。切崩し工作のためには四名から成る宣伝隊を作って陣内に潜入、二十米か三十米の距離から、メガホンで呼び掛け、投降票、伝単、肉筆の手紙を撒布した。作戦中のような大量投降はなく、しばしば包囲、襲撃されるこ

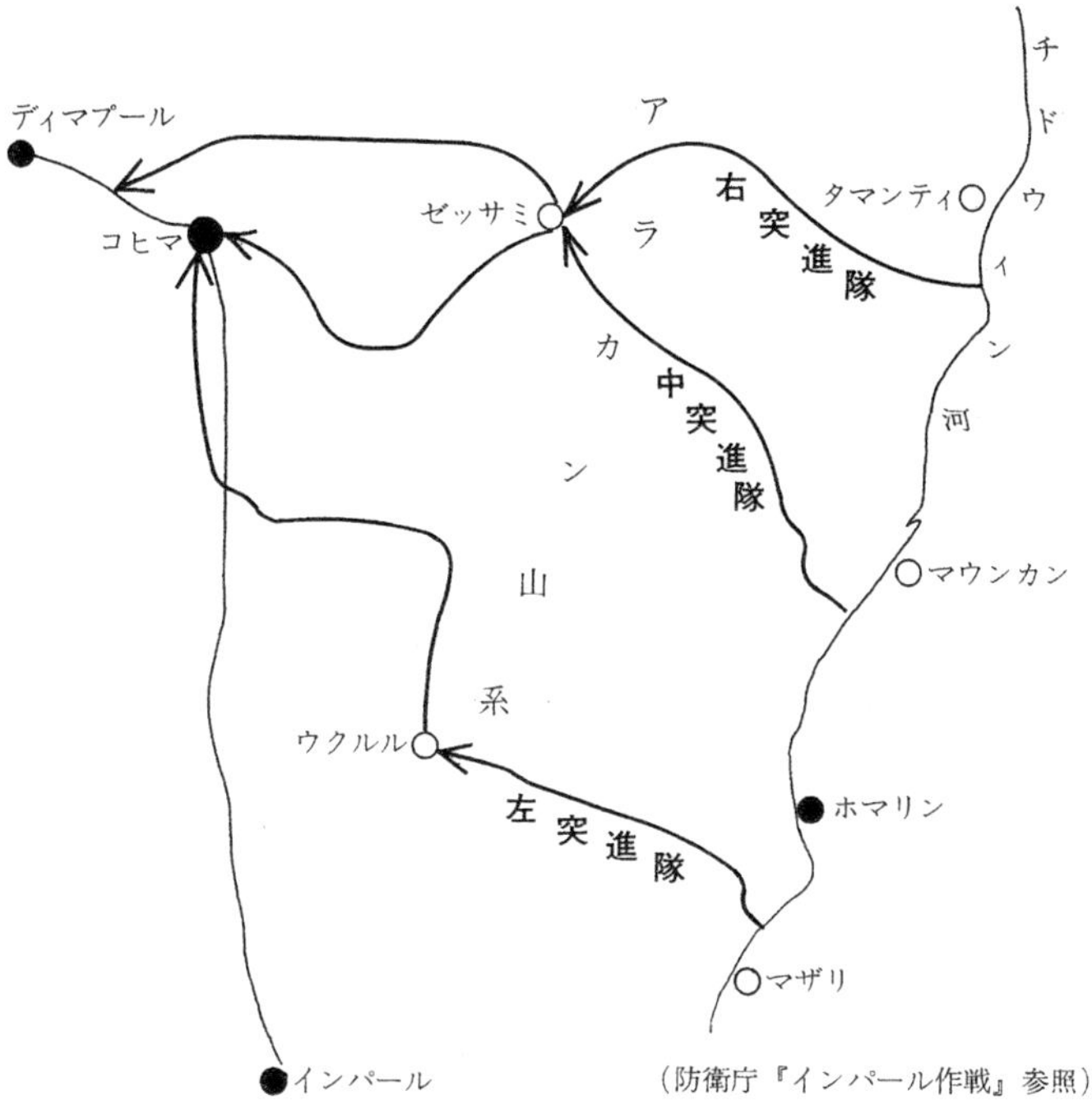


（防衛庁『インパール作戦』参照）

図8　コヒマ進攻作戦図

ともあったが、印度軍陣地には相当の動揺を与え、第一線部隊を慌てて交代させたところもあった。

四月十日コヒマの陣中にグルカ高級将校のいることを知った本部は、直ちに挺身隊を作って四回に至って潜入、連絡に努めたが、挺身隊はその都度《つど》捕らえられ空しく終わった。

民衆工作としては、コヒマ周辺の村長を糾合して日印戦争協力会なるものを四月七日組織、自警団、消費組合、教員委員会、難民救済会などを作ったり、隠匿兵器、糧秣の搬出や、官民証の下付、闇取引の厳禁、連座罰制などを規定した。

遊撃隊はコヒマ東北地区一帯に拠点を設け至るところで英印軍を襲撃したが、服装の区別がつかないので、これには英印軍も原住民もほとほと困り抜いた。大沢中尉は背広姿で言葉も英語か印度語だ。国民軍はどちらも同じ服装である。これでは分からないのも無理がない。支隊はこれ幸と闊歩したが、その代わり或るとき、英人を味方と思って友軍陣内の配置につけ、大騒ぎしたこともあった。(『中野学校』)

### ある光機関将校日記

この光機関の将校の名前は不明である。先の丸山静雄の記述にある神本利男嘱託（将校待遇）かもしれない。ともかく金子班長の下にいる少・中尉クラスと思われる。日記の地名から、第三一師団歩兵団長宮崎少将率いる左突撃隊に属していた。かれの日記は一九四四年五月六日にコヒマ地区のグリペマでイギリス軍の手に入り、英訳された（RG 165 E 79 "P" File B 2132）。原文はない。かれはおそらく五月六日の最後の日記を書いた直後に戦死したのであろう。出発作戦開始からのほぼ順調なコヒマ占領、そしてその後の苦戦の模様が描かれている。進攻時にはかなり多くの敵インド兵の投降があったが、四月に入ると、宣伝、スパイ工作が進展しなくなり、四月末期にはまったく守勢に入ったことがわかる。それにともない原住民の対応も日に日に冷たくなり、暴力をふるわなければ協力しなくなって行った経過が描かれている。また国民軍の統制も次第に困難になり、「光機関の弱点は国民軍に命令を出す権限がないことだ」ということば（五月一日付）は痛切な叫びである。なお、同じ日記の三月一〇日付には、日本軍は国民軍をスパイ摘発部隊と見なし、れっきとした軍隊とは考えていないため、日本軍の全面的な協力がないとの嘆きが記されている。

三月一五日　ボートに乗り、渡河せよとの命令が下る。渡河困難。

三月一六日　軍事行動開始。
三月一七日　インド望見。東亜解放のため、インド人のなかに戦闘意欲高まる。
三月一八日　北東で銃声、インドに入る。
三月一九日　マオコット着。
三月二〇日　光機関野上曹長死亡。五三人のインド兵投降。
三月二一日　投降兵の獲得と国民軍の状況を第三連隊に報告。丘の敵兵を偵察し、連隊長の指示を受ける。
三月二三日　中央攻撃隊失敗。夜間二回戦場宣伝放送。
三月二四日　朝八時、放送するが、インド人の国民性のため、説得は困難。
三月二六日　原住民の感情は、反日に傾いている様子。わが軍の目的に合致した工作が準備されていない。住民代表者会議開催を試みる。宣伝班をこのために派遣すべきとの自論を述べたリポートを送る。
三月二七日　ウクルル着。
三月二八日　トロイ着。地区の代表者が来る。
三月三〇日　オンシム着。マラムで効率的な活動。インパール方面で銃声を聞く。

三月三一日　シャルハン着。大沢大尉と二人のインド兵が歩哨と情報収集のため村の外へ。現住民との関係きわめて良好だが、防諜は実際上困難。
四月　三日　最近獲得した捕虜から情報を入手。食糧獲得のために兵を出す。国民会議派のワチレと協力。
四月　六日　国民会議派の情報入手。
四月　九日　国民軍の状態について副官から不満。国民軍の将校がだらしないとのこと。
四月一〇日　連隊長から敵を破壊する活動を行えとの命令。白木班長に中国語で放送するよう指示。連隊長本部の参謀と宣伝放送一般の遂行について協議。
四月一二日　国民軍の前線本部から帰る。真保伍長と八名が西機関から到着。ディマプールへのスパイ派遣について協議。
四月一三日　八時半放送中止。金子大尉と連絡。夜間戦闘で国民軍の一兵士死亡。
四月一四日　光機関本部から、敵の質、戦闘力や戦意、インドの政治、経済状態、占領地区のインド人の活動、インド独占運動の影響力について問い合わせる電報が来る。

四月一五日　コヒマ南四マイルの地点に到着。

四月一八日　浜大尉がメレマ、チェズウェマ、クルーマ、ラングトミ、ボカジャン地区に兵を派遣。インド兵六四人の捕虜、そのうち六人が将校らしい。伊藤少尉と七人の兵が作戦行動、砲撃激しく、前進困難。最前線で二〇分間行動。

四月一九日　わが作戦工作は継続。現在、軍需品集積所に立っている。ある部隊は武器を捨てて、引き上げた。多数のインド兵扱いは不十分。言葉が通じないため混乱が起こる。一時間、迫撃砲のすさまじい攻撃を受けた。生きた心地せず。敵グルカ兵の襲撃。集積所が消失。どうして捕虜を食べさせればいいいか。四つの中隊が全滅。池川曹長到着。三〇人の捕虜を軍需品部、六〇人を野戦病院へ。敵の砲撃驚くべし。一分間七〇発の割合、その半分が集中砲撃。

四月二〇日　池川が敵機墜落の現場へ。捕虜を二キロ後方へ移し、伊藤隊に手渡す。隊司令と配給状態について議論。一人のインド少尉が二二九五円をもってインパールの方へ逃亡を図るが、取り押さえ国民軍につれ戻す。

四月二一日　三人の変装要員を隊本部に向け回り道から派遣したが、状況に変化で途中帰ってきた。ボクジャン地区への工作員派遣計画も中止。上田、乾到着。かれらにラングーンの野中参謀の方へ行くよう指示。配給あり。作戦費が盗まれる。

四月二二日　白木に村長と会うよう命令。追加費用一千円出す。浜大尉から一千本の日本国旗を作るよう要請された。

四月二三日　総攻撃不成功、捕虜ゼロ。食糧底をつく。食糧事情悪化。

四月二四日　隊長、ゲリラ隊に引揚命令。上田、乾のラングーンへの再帰還決定。浜大尉の命令への態度、非常に冷淡。ゲリラ戦への毎日の準備。第一回挺身隊去る。武器獲得困難。

四月二五日　浜大尉と野中参謀との関係。八人の捕虜逃走。アンザリ大尉にこの責任を追及するが、どうすることもできなかったと弁解。シルチャール路沿いのA隊工作員や偵察スパイに指示。新治大尉と二四人の第二回挺身隊去る。A隊から八〇人の新兵を送るようにとの要請。三〇人去る。

四月二六日　引揚命令。コヒマ迂回路の作戦と残りの捕虜の処置について、師団本部へ連絡。ゲリラ戦の概略計画。兵站に爆撃。五人の捕虜。

四月二七日　グルバクシンが胸に軽傷して帰還。西川が四人の捕虜を連れて出る。八木と東山に引揚命令。

四月二八日　状況の変化による今後の工作方針について金子大尉と相談。泉谷大尉との関係。全地域からの極端に誇張された諜報に心配。とくに一二四、一三八連隊のモラール低い。できるだけ早く前線に向かう必要あり。

五月　一日　三マイル渓谷を去る。朝五時レクゾマに着く。八木曹長と東山に会い、あらゆる諜報を知らされた。両者とも森田、石垣が国民軍を非難しているのに同調。光機関の弱点は、国民軍に命令を出す権限がないことだ。チェシヤマ工作員とその妻はロープで縛ってなぐると、他の工作員の名前を白状。そこでその村長の手をほどいた。

五月　二日　工作について討論し、部分的に変更。レクズマへの第二支隊の派遣を報告。国民軍のバラックを原住民の要望で村の一箇所へ移す。ここでも日本軍の混乱とわれわれ工作員部隊の矛盾で泣きたくなる。住民の集会。約五〇人の女性と子ども出席。だれも発言しない。村長の答えは、イギリス軍の宣伝は全てウソで、日本軍への協力を誓うというだけ。素朴な原住民への宣伝は単純で、かれらの日常生活に関係するものにすべきとの決定。

五月　三日

チェシヤマとナシヤマの妻を送り返す処置。工作活動の食糧欠乏。アッタから菓子をつくることを考えた。ワッカへスパイ班を送る。ケゾマへの派遣も検討。消水小隊との関係。敵約五〇〇人がパラシュートでチェチャマに降下。敵の計画を見きわめることときわめて困難。日本軍の混乱きわめて大きい。国民軍の物品略奪について報告。夕暮れ、敵輸送機が西から南東へ向かう。おそらくパラシュート降下だろう。貴重な砂糖底をつく。

五月　五日

明日からケゾマで工作することを決定。朝からコヒマ地区での飛行機の爆音続く。敵の攻撃。プロマナンド隊を出す。ケゾマ→ガリ→ペーム→ラズミ→ワカ路へ。キンズマツマの工作活動きわめて困難。原住民の説得にほとんど暴力を使うばかりなり。夜八時五〇分、三機の敵機がディマプール東方～キンズマツマの北方へ飛び去る。

### OSSリポートの記述

アジミルシン「大尉」のグループは三つの班に別れて進軍した。第一班は日本軍の大隊に同行し、コヒマに入ったが、四月一五日にコヒマ北部から撤退し、第三班に合流した。第二班はマオ・コヒマ路に向かった。四人のメンバーがディマプール・インパール路でスパイと宣伝の工作に従事した。残りのメンバーはコヒマ南部にいた。第三班はアジミルシンのグループだが、コヒマの南部に入った。しかし六月六日、アジミルシン「大尉」はコヒマ南東部でイギリス軍に降伏した。

ホマリンからきたこのグループはイギリス軍インド兵に投降を呼びかけた。その努力はまったく成功しなかった。かれらはその後、インド人捕虜つまり国民軍兵士をそそのかしてイギリス軍への工作をしたが、これも実を結ばなかった。

### イギリス軍の防衛措置

若干の事実に違いはあるが、ホマリン出張所に所属した国民軍の兵士がアジミルシンを先頭に日本軍、光機関員と同行し、コヒマに到達し、インド兵への投降の呼びかけをメガホン、肉声などで行った。が、投降者は少しあったものの、イギリス軍に動揺を与えることはほとんどなかったことがわかる。したがって、せっかく派遣された国民軍の補充隊の出る幕はなかった。ともかくイギリス軍側がシンガポール作戦での失敗にこりて、与えた任務に忠実なグルカ兵を前面に出していたこと、インド兵やグルカ兵への教育を徹底して行っていたことと、かれらに日本兵や国民軍兵士が接近したときには、兵士が動揺する直前に、イギリス人将校が即座に発砲を命じる作戦をとった。戦線が乱れて、とくに同じ服装をしたインド兵どうしの敵味方が分からなくなった際には、イギリス軍側から若干の投降者が出たらしい。投降うんぬんの工作をする前に、第三一師団の佐藤中将が抗命事件を起こして、撤退するほどに日本軍の弾薬、食糧は皆無に近くなっていた。したがって工作が奏功する余地がほとんどなかった。

### 国民軍の強い戦闘継続意欲

しかしアジミルシンがインドの地に足を入れたときの感動が、インド兵の活動を絶対的な不利な状況のなかで支えていた。かれらの投降者は思ったより少なかった。アジミルシンはコヒマ撤退を伝えた金子大尉に強く抗議したほどである。インド兵の戦闘意欲は衰えなかった。

せっかくコヒマに入ったのであるから、その地を完全に占領し、さらに近くのディマプールまで支配を拡大しておれば、ボースや牟田口中将が期待したインド国民の反乱が全国的に広がる起爆剤となったかもしれない。だがそれまでに戦力も戦意も日本人側には涸渇していた。

先の「森方作命甲二一三号」の方面軍参謀長の指示のなかには、「インド国民軍に対する宿営、給養などは、なるべく日本軍と同じようにして、真に同盟軍として取扱うものとする」という項目があった。インド人の食事に不可欠なカレー、油の欠乏で、国民軍の兵士がインパール作戦で苦しんだという記録はあるが、全体にひどい食糧欠乏の戦いだったので、日本軍と国民軍は欠乏の「同盟軍」であった。しかし国民軍兵士の捕虜の発言に、国民軍の病院はラングーンでもスタッフやベッドが足りなかったが、前線の日本軍医師はかれらの治療をしなかったので、脱走者が増加したと述べていた（RG 208 E6G B 7）。これはイギリス側資料なので、ある程度、日本に不利な表現が加わっている。しかし日本軍側の配慮が足りなかったのは事実だろう。それでも、国民軍側の死傷者、脱走者の比率はOSS分析などからわかるように、イギリス側が期待したほど高くはなかった。なおOSS資料にあるアジミルシン降伏を裏づける資料は他に見あたらない。

以上、光機関のホマリン出張所の日本人や国民軍兵士のスパイ工作・前線工作を、インパール作戦の直前と戦中にわけてまとめてみた。この出張所のメンバーはアラカン北部を戦域とした第三一師団の工作を担当したにすぎない。だからこれでもってアラカンの主戦地だったカレワ出張所のスパイ工作などインパール全体を代表できるとは必ずしもいえない。インパールでは、コヒマに比べ国民軍遊撃隊のゲリラ活動がかなり活発で、日本軍を支援した。だがスパイ工作ではコヒマと基本的には同じプロセスと結果をもたらした。ホマリン、コヒマを選んだのは、光機関将校日記、朝日新聞記者丸山静雄、金子大尉の回想、光機関の「月報」、OSSの分析と比較的幅広い資料がこの出張所関係で使うことができ、相互比較のなかで客観的な分析が可能と思ったからである。

## 少年スパイ

OSSのシドニー・ルビンシュタイン中佐はインパール作戦がはじまったばかりの一九四四年三月二四日、アッサムのゴーハディィにある英軍の捕虜尋問所を訪ねて、そこで働くヒルというインド警察官に会った。ヒルは北ビルマからの避難民などの他に、多数の国民軍の兵士捕虜や敵のスパイ工作者を扱っていた。中佐が収容されているスパイを見たいといったら、十四、五歳のビルマ少年の二人に会わせてくれた。かれらは日本がつくったスパイ学校の卒業生であった。ヒルが言うには、二人の若者は非常によく訓練された敵の工作者である。日本軍は気づかれないように少年をスパイに使っている。とくにアメリカ軍に対してはよく使っており、かれらは近所に見かけるごく普通の少年と見分けがつかなかった。

これはビルマ人少年スパイの話であるが、日本が国民軍訓練所とくにカンベ訓練所で養成するインド人特務兵士にも、国境を越えて潜入しても、スパイとは疑われないあどけない少年が多かったと思われる。イギリス軍のインパール作戦前のリポートは、一三〇名以上のジフがアラカンその他でスパイ工作に従事している。少なくともアラカンの各地には一〇〇名以上のジフがいる。しかしかれらには、一九四二年一〇月にシンガポールからラングーンにきた者以外の者が多い。だからかれらの多くは、カンベ訓練所で育った純粋な市民グループであろうと推測している（RG 38 E Oriental B 11）。

## OSSのスパイ評価

南方軍総参謀長から大本営参謀次長あての電報は、一九四三年八月二二日付でビルマ国境方面での英印軍の動向を伝えたなかで、「空中偵察及光機関諜者報」、同年九月二四日付で米中軍の北部国境にいる「密偵報」と、日本軍の作戦におけるスパイ情報への依存を示している（『インパール作戦』）。とくに前者の「諜者」が国民軍の工作員であったことはたしかである。

OSSの先の光機関分析は結論部分で、光機関の長距離の潜入活動は完全に失敗したが、前線のスパイ活動は、インパール作戦時での日本軍の道路や小道の状態の把握、連合軍の戦闘命令などの知識が物語るように、かなりの成功を示したと述べている。またジフの工作員はゲリラ活動で連合軍を多少妨害したと評価している（RG 226 E 154 B 93 F 1757）。このある程度の成功の背後には、ホマリン出張所などに派遣された国民軍の特務隊、情報隊、さらには訓練所で育成されたあの少年スパイたちがもたらした諜報があったと思われる。もちろんかれらを支えた光機関員や西機関員の寄与も無視できない。

# 憲兵まかせの防諜

## スパイの侵入

光機関は敵のスパイ、破壊者、デマ拡散者などを摘発する任務があった。イギリス諜報機関のスパイとして国民軍や独立連盟のメンバーとなり、なに食わぬ顔でその行動をイギリス側に知らせるインド人も少なくなかったはずである。イギリス機関やOSSのもつ光機関名簿や国民軍幹部名簿、さらにはボースの動静にかんする詳細、正確なリポートを見るとき、それらの多くが戦闘中に作成されたものであるだけに、スパイ情報に依拠していたと見るのが妥当であろう。しかし連合軍側は、自陣のスパイの行動を示す証拠を公開していない。

**目立たぬ防諜部門**

光機関の「月報」は防諜要員を獲得するため、カンベ訓練所で生徒三三名に特別訓練を実施中と記している。ボース、インド仮政府などのラングーン移転、さらには前線の緊張関係の高まりなどで、光機関側の防諜工作も積極的になってきたことがわかる。インド人の構成員にたいする光機関や国民軍内部の査問も強化されたと思われる。「月報」は「旧英時代官吏の調査」が大体終ったと述べており、イギリスによるビルマ支配時代のインド人の役人の調査が防諜の角度から実施されていたことがわかる。しかし光機関は防諜よりも、積極的な諜報つまりスパイ工作に重点を置いていた。防諜は次に述べる憲兵に委任していたとするのが妥当であろう。

**憲兵の活動**

ビルマ憲兵隊は一九四三年七月一五日で将校五〇名をはじめ総勢九九一名の大世帯であった。憲兵の任務は占領地の警察業務、軍紀維持、公安対策、防諜など幅広かった。したがって防諜専従のスタッフはそれほど多くなかったが、光機関以上の数であったことはたしかである。かれらは反英活動で逃亡中のバーモー博士をマンダレーの山中から救出し、ビルマ新政府の首相にすえることに貢献した。岩畔機関時代、国民軍の幹部が国境付近でイギリス側と接触しているのを憲兵が逮捕したことがある。アキャブに投下されたイギリスのスパイを逮捕し、説得して逆スパイとして利用した。アキャブ方面の海岸にスパイとして上陸した英印混血のインド人六名をジャングル内で追跡し、四名を射殺した。ビルマ北部のカレン族のスパイ四人を鉄道爆破容疑で逮捕し、イギリス人将校一人を射殺したのは四三年三月であった。

## アラカン工作

憲兵はインパール作戦前後にも活躍した。ここでは一九四三年初頭のアキャブ憲兵分隊の行動のみを紹介しておきたい。ビルマ西南部の海岸の防衛は、インパール作戦の遂行のために前提条件であったため、ビルマ方面軍は第二八軍を新設し、攻勢をかけてきたイギリス軍を撃破せんとする積極作戦を展開した。これが第二次アキャブ作戦であった。

このころ、第二十八軍司令部は、マユ半島、カラダン河谷一帯にわたって光機関、明工作班、敷島工作班、などの特務機関を駆使して、英印軍の情報、地形地物の調査、インド国民軍（友軍）の指導、原住民の宣撫工作を懸命に展開していた。史上〝アラカン工作〟といわれたものである。その中心となったのがアキャブ島の光機関であった。

一方、アキャブ奪回を目指す英印軍は、アキャブ周辺に落下傘降下による軍事諜者を盛んに潜入させていた。かくして戦闘の背後で、日英両軍の熾烈な謀略戦が展開されていた。

アラカン地区は各種弱小民族が雑多に居住していたが、特にアラカン回教徒のインド人とビルマ人の対立相剋が激しかった。日本軍進出とともにビルマ人が日本軍に協力すると、インド人は英印軍側に与みして、両種の対立は激化の一途を辿った。このためアキャブ憲兵分隊や各兵団配属憲兵隊も、この謀略戦に巻込まれ、諜者、通敵住民の検挙弾圧に活躍した。(『日本憲兵外史』)

光機関が中心となり、第二八軍の明機関、敷島機関(前掲図6)が参加し、さらに憲兵隊も入った諜報活動を行ったことがわかる。当時、光機関のアキャブ出張所にいた服部少佐によると、前線を行き交う商人に頼んで、敵の情報をえたり、かれらの商路を使ってインド人スパイを敵の背後に潜入させたりしたという(SEATIC No.226)。しかしスパイの逮捕、取締りは憲兵隊が実行した。なおビルマ憲兵隊では、一九四二年八月一日から四三年一二月三一日の間に地上からビルマに侵入した連合軍側のスパイ二九四人を逮捕した。そのうち、四三年一一月の数は一四四人と約半数になっている(RG 165 E 79 “P” File B 2126)。当然のことながら戦局が厳しくなるとともに、イギリス軍の原住民を使ったスパイ活動が激化したわけだ。取調中、暴力、監禁、さらには拷問、射殺がよく発生したため、憲兵は恐れられ、次の事例のように、戦後、その責任を連合軍側から追及されることになった。

第一次アキャブ作戦当時、インデンの戦闘で捕虜となった英印軍第四十八旅団長ガベンディッシュ准将以下一二名が、前線部隊によって斬殺されたため、敗戦後、憲兵が戦犯容疑者として取調べを受けるが、棚橋連隊長の自決によって解決する。だが無実の責任を問われる憲兵が続出することになる。(『日本憲兵外史』)

# 光機関の宣伝活動

# 日本の対インド宣伝方針

**ボースとオーウェル**

ボースは一九四一年一月、カルカッタから姿を消して以来、一般のインド人にはその行方は杳《よう》としてわからなかった。一九四一年一一月にインド政府は議会でボースが敵側に逃亡したと公表したが、それがどこかは明らかにしなかった。ボースは偽名でドイツに滞在し、ゲッベルスによれば、もっともタイミングのよいときに姿を見せるとのことであった。しかしイギリス側はアメリカを通じてかれの消息を把握していたふしがある。というのは、かれのたび重なるドイツ駐在大島大使への接触は、東京への大使の公電のアメリカによる暗号解読（マジック）で捉えられていた可能性があるからである（Gordon)。

一九四二年三月二五日、BBC放送は東アジアでボースが飛行機事故で死亡したと放送した。ドイツや日本の通信社がそれはデマだと否定した。しかしボースは故国の家族とくに母がショックを受けたのではないかと心配した。この報道を信じたガンジーは母にお見舞の言葉を送った。かれの消息はインド政界ばかりでなく、国民にとって大きな関心事であった。イギリス側はかれの所在を確認しながら、かれの生死を謀略のために利用していた。

しかしボースは一九四二年二月二八日には、ドイツからのインドへの反英放送に登場して演説している。これは発信源、発信地、ニュースソースを明らかにしない謀略の秘密放送局（ブラック・ラジオ）であったため、一般にはドイツからの放送とは見抜かれなかった。しかもこの際、かれは偽名を使っていたし、短波の音声が遠いインドでは聞きとりにくかったので、インド国民にはボース本人と認識されなかっただろう。

イギリスの作家ジョージ・オーウェルは日本の真珠湾攻撃直後からBBCで週一回戦争に関する論評をインド国民むけに行いだした。オーウェルのもとには、ドイツのインドむけ放送の傍受記録が届いていた。かれは当然、ボースの放送に注目した。オーウェルはボースの名前を直接取り上げることはなかったが、かれの放送はしばしばボースへの直接的な返答であった（West）。

こんな例がある。ボースが四二年七月二〇日に「インド人へのメッセージ」と題した放送のなかで、イギリス帝国主義の打倒はインド国民の務めと述べたあと、イタリア、ドイツ、日本がイギリス破壊のため動き出したことにインド人は感謝しなければならない、なぜなら現在のインド人の力では、外部の助けを必要とするからであるという趣旨の発言をした。これに対し、オーウェルは七月二五日の放送で、これら三国が帝国主義の敵であるなら、自国の領土の国民を解放すべきである。ところが日本は朝鮮、満州、台湾や中国の一部を、イタリアはリビアを、そしてドイツはヨーロッパを占領したままではないか、と反論している。リベラリストとしてのオーウェルが、ナチズム陣営に走ったボースを批判するのは当然であるが、ただジフとして一蹴できない論理の正当性がボース側にあった。それはオーウェルにも最大の弱点であったイギリスのインドへの帝国主義的支配であった。またボースの格調ある率直な演説にオーウェルも傾聴せざるをえなかった。

## インドへの宣伝合戦

インドはイギリス、アメリカ、中国が日本と厳しく対峙する国際的な謀略の場になってきた。したがってインド国民を対象にした国際的な宣伝合戦も激化した。四三年一二月に改訂された「大東亜戦争ノ決戦段階ニ於ケル対外宣伝大綱」では、日本政府は、この戦争でインド独立を達成させるため、あらゆる努力をするが、謀略宣伝はインド国民を英米から離反させるように力を入れる。その場合、インド仮政府をそそのかしたり、利用することが重要であると述べている。日本というファシズムにまで協力して、悲願の独立達成を図ろうとするボースや仮政府の足もとを見て、それを利用する姿勢がはっきり出ている。そしてこの線にそって日本側のインドへの宣伝がなされた。光機関「月報」によると、四三年一二月上旬には、インド独立への日本の誠意、協力を強調し、国民軍を主体とした解放戦の準備が完了したとの宣伝に力を入れた。一二月中旬には、国民軍がインドに進駐したら、食料、衣類などの生活は好転するとの希望をインド人にいだかせる宣伝をした。そして下旬には、仮政府、国民軍の強化を宣伝し、民衆の苦難を無視して新編成した英米軍とインド兵との離間を図るキャンペーンを行った。なおセイロンに対しても、英米の罪悪を説き、大東亜諸国はこぞって支援するので、インドと結んでセイロンも自由解放の戦いをはじめる時機がきたことを宣伝した。

その際、インド、セイロンのイギリスからの独立闘争を支持するといいながら、日本が主張する大東亜共栄圏構想の意義を伝えるのを忘れていない。

## 多彩なインドむけラジオ放送

### 一〇の言語を使った放送

ラジオ・トウキョウはインドむけ放送のなかで、ボースに対する東条の固い約束を伝えるなどして、終始ボースや国民軍への支援を求める世論をインド人に喚起しようとしていた。当時の翼賛体制の立場からビルマの事情を紹介したある日本人の著者は、「ビルマにおける対敵宣伝の重点は、英勢力の下にあるインドにおかれてゐる。このインド向け放送は本年四月頃までは英語の外、主としてヒンドスタン語、タミール語、ベンガル語等によつて行はれてゐた」と述べた後、最近、九つの言語が加えられ、一三の言語で果敢な電波戦を展開しているため、この放送が「敵のデマ宣伝に迷ふインド民衆に多大の反響を与へてゐることは確実で、最近におけるチャンドラ・ボース氏の活躍等を思ひ合せるとき今後に於けるその使命は、インドの動向と共にいよいよその重要性を増すとみられる」という（湯川洋蔵『新しい南方の姿』）。これはビルマで実施されていた日本軍運営のラングーン放送局の説明である。

「月報」によると、光機関は独立連盟宣伝部を指導して、四四年四月まで、一日二時間、ヒンドスタニー語、ベンガル語、タミール語、英語の放送を行っていたが、六月八日から次の一〇言語に増加した。

英語、ヒンドスタニー語、ベンガル語、グルカ語、アッサム語、タミール語、パンジャブ語、マラティ語、テレグー語、プシュトウ語

ラングーン放送局より三言語少ないが、それでも一〇言語も使い、各地域のインド人にボースや仮政府の宣伝をきめ細かく浸透させようとした。ラングーン放送局の短波設備増強に合わせた放送番組の多様化や放送時間の拡大であった。

### 三局体制

放送局も一一月からビルマ放送局、ラングーンインド独立連盟放送局、自由セイロン放送局の三送信体制に増強されている。表1は三局の放送時間と放送種目を示している。ラングーンインド独立連盟放送局が一日三時間一五分ともっとも長い時間を放送しているのは、少数民族むけの放送を多数担当していたからである。

表1　光機関インド，セイロンむけラジオ放送番組表（1943年12月）

| 名　　称 | 所要時間 | 放送時間 | 放　送　番　組 |
|---|---|---|---|
| ラングーンインド独立連盟放送局 | 朝の部 30分間 | 10：30 | 国歌開始アナウンス |
| | | 10：33 | ヒンドスタニー語ニュース |
| | | 10：41 | ベンガル語ニュース |
| | | 10：49 | 英語ニュース |
| | | 10：57 | 終了アナウンス，番組予告其他 |
| | | 11：00 | 終　了 |
| | 昼の部 45分間 | 16：30 | 国歌開始アナウンス |
| | | 16：33 | ヒンドスタニー語ニュース |
| | | 16：40 | 英語ニュース |
| | | 16：47 | ベンガル語ニュース |
| | | 16：54 | タミール語ニュース |
| | | 17：00 | 特別番組（婦人及青年向） |
| | | 17：12 | 終了アナウンス番組予告 |
| | | 17：15 | 終　了 |
| | 夜の部 2時間 | 22：30 | 国歌開始アナウンス |
| | | 22：35 | ヒンドスタニー語ニュース及解説 |
| | | 22：50 | テレグー語ニュース及解説 |
| | | 23：05 | 英語ニュース及解説 |
| | | 23：20 | アッサム語ニュース及解説 |
| | | 23：27 | グルカ語ニュース及解説 |
| | | 23：34 | 特別番組 |
| | | 23：51 | アラテイ語ニュース及解説 |
| | | 23：58 | プシュトウ語ニュース及解説 |
| | | 0：05 | ベンガル語ニュース及解説 |
| | | 0：20 | メッセージ特別ニュース及解説 |
| | | 0：25 | 終了アナウンス，翌日ノ番組予告 |
| | | 0：30 | 終　了 |
| ビルマ放送局 | 朝の部 25分間 | 10：00 | 音楽開始 |
| | | 10：03 | ヒンドスタニー語ニュース |
| | | 10：10 | ベンガル語ニュース |
| | | 10：16 | 英語ニュース |
| | | 10：22 | 終了アナウンス |
| | | 10：25 | 終　了 |
| | | 18：30 | 開始音楽 |
| | | 18：35 | ヒンドスタニー語ニュース |

| | | | | |
|---|---|---|---|---|
| | 昼の部 | 56分間 | 18：43 | ベンガル語ニュース |
| | | | 18：53 | 英語ニュース |
| | | | 19：05 | 特別解説または音楽 |
| | | | 19：23 | 終了アナウンス |
| | | | 19：26 | 終　了 |
| | 夜の部 | 30分間 | 21：55 | 開始アナウンス，音楽 |
| | | | 21：58 | ヒンドスタニー語ニュース |
| | | | 22：06 | ベンガル語ニュース |
| | | | 22：14 | 英語ニュース |
| | | | 22：22 | 終了アナウンス |
| | | | 22：25 | 終　了 |
| 自由セイロン放送局（秘密放送局） | | | 0：35 | 開始アナウンス，音楽 |
| | | | 0：40 | セイロン語ニュース及解説 |
| | | | 0：52 | 英語ニュース及解説 |
| | | | 1：04 | 終了アナウンス |
| | | | 1：05 | 終　了 |

注　特別番組時間は支配層，軍隊などに対する特別放送（光機関「月報」1943年12月による）

ビルマ放送局は合計一一一分である。これは主要四言語に限定した放送局である。自由セイロン放送局は三〇分と短いが、「秘密放送局」と記しているように、放送主体を明らかにしない英語とシンガリー語（セイロン語）のブラック放送局である。おそらくセイロン（スリランカ）の反英勢力がセイロン内部から放送していることを装った放送であろう。これがいつから開始されたかはわからない。しかしOSS資料は自由セイロン放送局を含めた三局の存在を確認している（RG 226 E 182 A B 4 F 30）。

**研究打合会**

放送の独立性については、ボースから強い要望が出されたので、「方面軍はこれを尊重し、ラングーン放送局の中に、ビルマ政府や日本軍と鼎立して、インド政府又はインド国民軍が独立して放送できるような措置を講じた」という（防衛庁『インパール作戦』）。

そのためこれら三局の放送要員は独立連盟宣伝部所属となっていたうえに、宣伝部長もインド人であった。だが三局の放送のスタッフをボース側がすべて提供できたとは考えられない。「月報」に「各語班」という言葉があるように、それぞれの言語地域出身の独立連盟、国民軍のメンバーがいて、原稿、編成の原案作成者やアナウンサーとなっていた可能性はある。ラングーン放送局と放送言語数が同時期に増加していることから推測して、日本軍が採用したインド人スタッフが支援する形式をとっていたのだろう。毎週水曜日の日本軍の放送管理局で開かれる研究打合会には、軍宣伝部、放送管理局の関係者が列席していた。実質的には、日本軍の意向や方針が放送内容を決定していたと思われる。

## 番組内容

一二月一日から二五日に放送した講演、ニュース解説のテーマが「月報」に出ている（表2）。これを見ると、先の「宣伝要旨」にしたがって番組が編成されていることがわかる。ボース演説は三回しか放送していない。それに比べ「ガンヂー夫人と日本女性」など婦人問題の番組が多い。この番組編成の理由はわからない。

表2　インド，セイロンむけラジオ局の講演，ニュース解説（1943年12月）

| 日 | 講　演 | 放送言語 | ニュース解説 | 備　考 |
|---|---|---|---|---|
| 1 | ルーズベルトの野望成らず | 英　語 | 英皇帝演説を批判す | |
| | 印度女性に告ぐ | | 英米の罪悪 | セイロン向 |
| 2 | ルーズベルトの野望成らず | タミール | 戦局展望 | |
| | | | セイロン人に与う | セイロン向 |
| 3 | 印度青年よ起て | 英　語 | 英米の欺瞞宣伝 | |
| | | | 英米の運命極まる | セイロン向 |
| 4 | 印度青年よ起て | ベンガル | カイロ会議批判 | |
| | 印度よ独立を獲得し大東亜の支援に答えよ | | 大東亜戦の意義 | セイロン向 |
| 5 | 大東亜戦の意義と印度の独立 | ヒンドスタニー | 英米の苦悩 | |
| | カイロ，テヘラン会談等週間展望 | 英　語 | 大東亜戦二周年に際しセイロンの義務 | セイロン向 |
| 6 | カイロ，テヘラン会談等週間展望 | ベンガル，ヒンドスタニー | 大東亜諸民族総力戦 | |
| | | | 痴人蔣介石 | セイロン向 |
| 7 | ボース氏演説 | ヒンドスタニー | 大東亜戦回顧 | |
| | 印度婦人に告ぐ | ヒンドスタニー | セイロンの姉妹よ起て | セイロン向 |
| 8 | ボース氏演説 | 英　語 | アジア人のアジア | |
| | | | 機会を逃すな | セイロン向 |
| 9 | ボース氏演説 | タミール | 勝利は吾にあり | |
| | オーヒンレック演説論駁 | ベンガル | セイロンの兄弟よ協力せよ | セイロン向 |
| 10 | オーヒンレック演説論駁 | 英　語 | 日本の誠意と協力 | |
| | | | アジアは呼掛ける | セイロン向 |
| 11 | 農民飢餓の悲劇（対話） | ベンガル | 印度国民よ自覚せよ | |
| | | | セイロンよ起て | セイロン向 |
| 12 | 日本の陸海軍の威力と英米の卑劣行為 | 英　語 | 欺瞞者オーヒンレック | |
| | 東亜民族の解放 | | 青年よ起て | セイロン向 |
| 13 | 戦局展望 | | カイロ，テヘラン会談と英米外交の欺瞞 | |
| | | | 英米に欺かれるな | セイロン向 |
| 14 | 印度国民に告ぐ | ヒンドスタニー | 欺瞞者オーヒンレック（特別解説） | タミール |

| | | | | |
|---|---|---|---|---|
| | | | アメリー論難 | |
| | | | アジア人ノ総力戦 | セイロン向 |
| 15 | 仮政府進駐せば民衆は救はるべし | 英　　語 | オーヒンレック演説批判 | |
| | 日本の真意を悟れ | ベンガル | 枢軸側不敗の態勢にあり | セイロン向 |
| 16 | 仮政府進駐せば民衆は救はるべし | ベンガル | ロバートソン演説批判 | |
| | 印度国民に告ぐ | タミール | セロイン解放の時至る | セイロン向 |
| 17 | 「ガンヂー」夫人と日本女性 | ヒンドスタニー | 仮政府進駐態勢成る | |
| | | | 英米討たずして独立なし | セイロン向 |
| 18 | 「ガンヂー」夫人と日本女性 | ベンガル | ジョージ，サスターに与う | |
| | 印度仮政府の強力機構 | 英　　語 | 軍事目標物に近ずくな | セイロン向 |
| 19 | 「ガンヂー」夫人と日本女性 | ヒンドスタニー | ホミ，モディ演説論駁 | |
| | | | セロイン女性に告ぐ | セイロン向 |
| 20 | 印度仮政府の強力機構 | ベンガル | 英米空軍の合体批判 | |
| | 職工よ工場から立退け（対話） | ベンガル | 暴英の手よりセロインを救え | セイロン向 |
| 21 | 印度仮政府の強力機構 | ヒンドスタニ－ | 仮政府進撃近くに在り | |
| | 自由印度仮政府樹立宣言（特別記念放送） | | 英米ソ支の団結弱し | セイロン向 |
| 22 | 仮政府進駐せば印度は楽土たらん | 英　　語 | ウエーベル演説批判 | |
| | 日本女性を讃う | ベンガル | 米国の帝国主義的野望を衝く | セイロン向 |
| 23 | 印度仮政府の強力機構 | タミール | リンリスゴー演説論駁 | |
| | 仮政府進駐せば印度は楽土たらん | ベンガル | アジアのペスト英米を葬れ | セイロン向 |
| 24 | 印度仮政府樹立反響 | タミール | 英米追放により印度は安住の地たらん | |
| | 英印軍の弱体暴露す | 英　　語 | 日本こそ吾が友なり | セイロン向 |
| 25 | 強大なる印度国民軍（対話） | ベンガル | 飢餓対策の不誠意 | |
| | | | 英国の謀略を退けよ | セイロン向 |

「英米の罪悪」「英米の運命極まる」「痴人蔣介石」など自由セイロン放送局が戦闘的な内容を流しているのに対し、ビルマ放送局やラングーンインド独立連盟放送局は比較的おだやかな宣伝を行っていることがわかる。イギリス軍の分析によると、ラジオのキャンペーンはボースを主体としたもので、ジフのインド解放の誇大宣伝、インド人の反英活動煽動、インド国内事件への反応に三分類されるが、とくに最後に力を入れた。そこではガンジーの指導力に敬意を示しつつも、非暴力では独立を獲得できず、前衛派の力が必要であることを強調していた（RG 165 E 79 B 2588）。

### 秘密放送局への驚嘆

本書で頻出する光機関の「月報」をイギリス情報機関から入手したOSSのリットル中佐は、ホワイトとブラックの双方が非常に組織化されて、広範な宣伝を行っている光機関の放送活動に注目し、とくにOSSがこれからつくろうとしている「自由放送局」に相当する「秘密放送局」がすでに活動している点に驚かされると述べている（RG 226 E 139 B 148 F 2008）。

OSSが実際に秘密放送局を開始したのは、昆明（中国）、チタゴン（インド）で四五年前半であった。このセイロン自由放送局の設立をだれが構想し、実現させたのかはわからない。インドネシアへの四二年三月の進攻に際し、南方軍ではサイゴン放送局からバンドン放送局と同一周波数のブラック・ラジオを流し、バンドン占領を早めた実績があった（「南方軍総司令部対『ジャヴァ』謀略放送実施経過報告」一九四二年三月一〇日）。さらにすでにF機関時代からシンガポールでラジオ放送を開始している。日本軍のなかにラジオ利用の知恵者がいたのだ。さらに秘密放送局は、謀略放送先進国ドイツでのボース自身の活動経験が誕生を促したのかもしれない。

**戦場放送**

前線の兵士に敵側から戦闘意欲（モラール）を低下させたり、脱走を呼びかけたりする謀略宣伝は、第二次大戦では、連合国側、枢軸国側ともに、さまざまのメディアを使って実施した。日本軍がインパール作戦でインド兵に降伏を呼びかけるビラ、メガホン、肉声のメディアを使ったことは、先に引用した資料にでていた。光機関でもその任務の一つとして、「戦場宣伝」という部門を設けていた。「月報」には一九四三年一二月の活動として次のような記述がある。

一、主に大東亜戦争開始二周年記念宣伝に即応し、放送（戦場放送）および新聞を利用し、宣伝した。

二、インド国民軍前進部隊に対し、宣伝資料を配布、宣伝工作実施を準備させた。

三、前線宣伝工作の資材としてメガホンを作製し、特務中隊に支給し、肉声宣伝を実施させた。

四、連盟宣伝隊を編成し、シバラムを隊長として宣伝活動に従事させる目的で教育を開始した。

放送・新聞・ビラ・メガホンなどさまざまのメディアを駆使した宣伝活動を行ったことがわかる。このなかで光機関がもっとも力を入れたのは、ラジオであった。ラングーン放送局のなかに戦場放送の時間を作り、毎日、午前一一時～一二時五分、夜一七時二〇分～一八時三〇分、音楽、ニュース解説の放送を行っていた。言語は英米兵むけの英語、インド兵むけのヒンドスタニー語、グルカ兵むけのグルカ語、中国兵むけの北京語、広東語と、すべてのビルマ戦線の兵士を対象としており、内容も多彩であった。「月報」はとくにインド兵むけの戦場放送のねらいを次のように述べている。

放送の重点を戦場付近にいる敵側インド兵に指向し、皇軍の誠意と枢軸の必勝および敵軍の必敗を感じとらせる。そしてインド兵と英米の離間、ならびにインド仮政府とくにインド国民軍への参加を誘ったうえ、反英独立意識を昂揚させる。とくに、軍の行う諸工作の成果を拡充強化する。また、直接作戦指導を有利にする目的で、二七日から開始し、効果をあげている。

インドむけラジオ放送は、はたしてどの程度の効果があったろうか。イギリス側が日本側の放送に妨害電波を出していたかどうかわからない。

## ラジオの効果

オーウェルがラジオ放送を行っていた頃、BBCの担当者はインド人はほとんど短波受信機をもっておらず、おそらく、三億の人口のうち一五万セットしかなかろうと述べた（一九四三年のアメリカ側の資料では、一四万二〇〇〇の受信契約者）。BBCの調査によると、ニュース以外ではBBCの放送は聞かれないという。しかしオーウェルは聴取者が少なくても大学生のような有識者に届いているとの期待をいだいていた。

OSSのリポートは「新聞やラジオ放送の影響は計測しがたいが、日本人が管理したインドむけの放送がインド人のモラールに大きな影響を与えたことは疑いがない」（RG 226 E 154 B 93 F 1757）と評価している。また別の資料によれば、ボースの放送はビハール州を中心としたインドの民衆に注目された（RG 165 E 79 B 2588）。ボースという大衆的な政治家が自ら演出し、出演した反英ラジオ放送は、BBCよりもはるかにインド人を喜ばせたことはたしかである。ラジオはその他のメディアよりも、安い経費で、安全確実に数十万のインドのオピニオン・リーダーへ日本の宣伝内容を届けたと思われる。

しかしイギリスはインドのメディアを巧妙に統制していた。インドに入る『タイム』の内容にまで注文をつけ、政治記事を中心にインド統治に不都合な記事のページのカットを命じていた（RG 208 E 6 G B 3）。もちろんオーウェルの放送内容にまで注文をつけていたイギリスであるから、インド国内のラジオはきびしく事前に検閲されていた。しかし日本がビルマなどアジアの占領地や植民地に短波ラジオの所有を禁止したような受信面での統制をインド内部でしていたかどうかはわからない。なお、ＯＳＳでは中国で短波のブラック・ラジオをスパイ工作員への連絡用に使用していたが、日本軍がインドむけラジオを工作員むけに利用していたことを示す資料は見あたらない。

# ビラ・新聞その他のメディア

## ビラの空中撒布

ビラ（伝単）はラジオに次ぐ有力な宣伝のメディアであった。図9は四二年一〇月から四三年一一月までに光機関が作成し、飛行機で撒布したビラの地区と枚数を示したものである。インパール作戦の時期が近づくにつれ、アラカン山系周辺に集中していくが、四二年から四三年初頭にかけては、一番遠くはカルカッタからチタゴン、シルチア、サディアなど比較的遠い所に投下されていた。この時期のビラは④の「日本爆撃中止」（一月二六日）に見られるように、空爆中止をわざわざ伝える余裕のあるビラであった。チタゴン地区のように、アキャブ作戦に関連する敵後方地域に四三年三月には集中投下された。しかし四三年後半になると、撒布にまわす飛行機に余裕

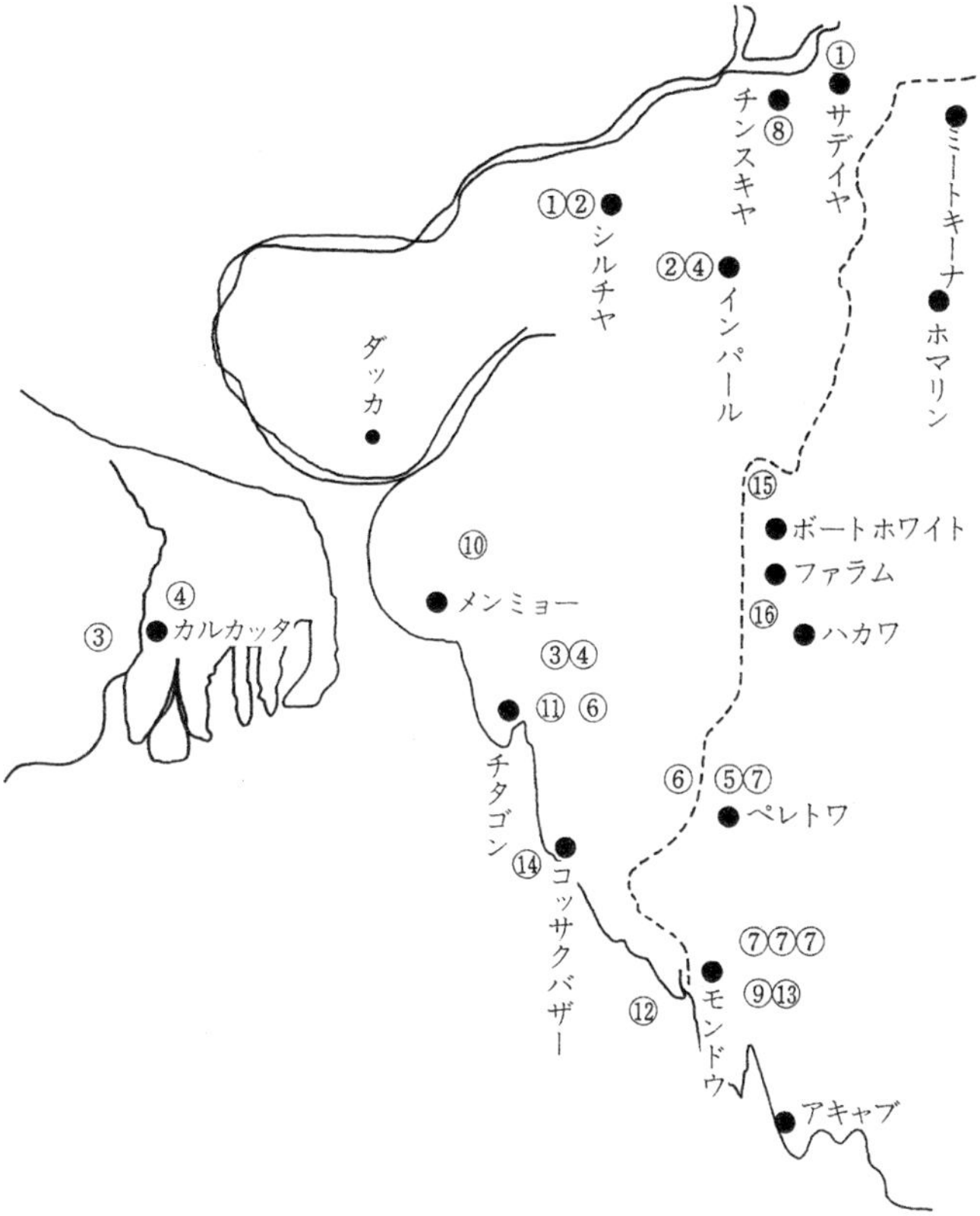


図9　飛行機による光機関のビラ撒布地区・日付・枚数（1942年〜1943年）

| 〈撒布年月日〉 | 〈枚数〉 | | |
|---|---|---|---|
| ①1942.10.27 | 870,000 | ⑨1943. 3.10 | 40,000 |
| ② 12. 8 | 212,000 | ⑩ 3.21 | 57,000 |
| ③ 12.20 | 717,500 | ⑪ 3.22 | 53,000 |
| ④1943. 1.26 | 160,000 | ⑫ 3.26 | 50,000 |
| ⑤ 2. 8 | 12,000 | ⑬ 2.末 | 40,000 |
| ⑥ 2.16 | 100,000 | ⑭ 10.25 | 40,000 |
| ⑦ 2.16 | 60,000 | ⑮ 11. 4 | 11,600 |
| ⑧ 2.23 | 60,000 | ⑯ 11. 8 | 18,100 |

（光機関「月報」1943年12月による）

がなくなったため、遠距離地域への活動は困難になった。したがって回数も枚数も減っていった。四三年一〇月二五日の「仮政府独立伝単」のように、宣伝価値の高いよほどのニュースがないかぎり、飛行機は使われなくなった。

遠い地区への空中撒布は、長期的には世論誘導をねらった戦略色が濃かった。前線やその後方に撒布するものは、当面の作戦浸透をねらった戦術的なものであった。

## 前線へのビラ配布

光機関では四三年一二月中には、一般対象に四種類一四万枚、軍隊対象に一種類四万枚を作成し、機関下部組織の「戦場宣伝班ならびに各機関」に手渡した。一般対象とは、前線付近の住民むけのものであろう。また同じく「月報」によると、「本部から送付してきた伝単は、整理の上次々と前線に送付、あるいは森部隊および高部隊と密接に連絡撒布した」とある。本部作成のものは、比較的部数が多かったので、森部隊（ビルマ方面軍）の軍隊組織や高部隊（第五飛行師団）を利用する場合もあった。反対に特定地域に限定したものとして「支部でも、状況に応じた各種伝単を作製撒布」していた。支部にもビラ作成の印刷設備があり、状況の変化に対応したものをつくっていたようだ。「月報」も小型印刷機三台を適宜前線向けとしてラングーンの光機関支部で整備、保管していると述べている。

## 新　聞

日本軍人や日本人むけに四三年一月から読売新聞社への委託経営で邦字紙『ビルマ新聞』が発行されていた。一般の新聞も軍政下で日本軍によって統廃合され、「ラングーンで発行されている新聞は、ビルマ語のもの一紙、インド語のもの二紙、華地紙一」（『新しい南方の姿』）というさびしいものになった。インド語新聞は『アザット・ヒンドスタニー』と『スダンダラ・ヒンドスタニー』であった。いずれも週一回で、前者が一〇〇〇部、後者が五〇〇〇部であった。「月報」によると、両紙はビルマ在住インド人の「啓蒙、特に独立思想の昂揚を図るため、独立連盟の指導監督下（当支部内面指導す）」で発行されていた。ところが爆撃のため、印刷所が破壊され、印刷資料が不足し、発行困難となったため、四三年八月から光機関支部の印刷所を独立連盟宣伝部が利用し、新聞を印刷するようになった。それとともに二紙が新たに創刊され、次の四紙体制となった。

『アザット・ヒンドスタニー』（ヒンディ、ウルドウ語）　各週一回　二〇〇〇部
『スダンダラ・ヒンドスタニー』（タミール語）　各週二回　五〇〇〇部
『スワンタントラ・ヒンドスタニー』（テレグー語）　各週二回　一五〇〇部

『アザット・ヒンド』（英語）　各週一回（一二月八日創刊）

光機関の援助でインド人むけの新聞は五言語と、一般紙に比べ数は豊富になった。しかし方面軍の方針とラングーン支部の「内面指導」というコントロールが、独立連盟の新聞編集に際してなされていたことがわかる。

**その他のメディア**　「月報」によると、映画、写真、雑誌などを使って、独立連盟メンバー、国民軍兵士、インド人などを対象に、日本紹介、日本イメージの改善などの活動を光機関が行っていたことがわかる。また一二月八日には、「大東亜戦争二周年記念宣伝漫画陳列、記念写真撮影、連盟関係者招待午餐会開始、紙芝居上演」とあるように、漫画、紙芝居までも動員している。なお、一二月二九日には、カンベ訓練所で、一般インド人への「宣伝宣撫《せんぶ》」のため映画会を催したが、そのとき上演された作品は、「日本少国民」「マー坊の落下傘部隊」「霜とチューリップ」「陸軍落下傘部隊戦闘篇」「大東亜ニュース」と盛り沢山であった。

**放送傍受**　宣伝ばかりでなく、機関全体の活動のために、外国の公的なメディア、とくにラジオのニュースの受信と記録、つまり傍受活動は重要であった。一二月中に、デリー放送局のパンゲヤピ語、ヒンドスタニー語を傍受しはじめた。「月報」

の一一月号には、傍受局一覧がのっていたらしいが、手許にない。枢軸国、連合国、中立国の放送局を幅広く対象にしていたと思われる。光機関の本部にいたフジ・チカオ大尉が連合軍の尋問に次のように答えている。

インド国民軍はラングーンの光機関本部の近くにラジオ傍受の施設をもっていた。一〇人の兵士がそこで働いていた。デリー、カルカッタやヨーロッパの放送が傍受されていた。この記録は光機関の本部に手渡され、本部のスタッフが訳して、他の機関に配布した。国民軍は四～七個の受信機があった。私の知るかぎり、光機関本部は傍受をしておらず、国民軍が代りに行っていた。ラングーンの森部隊（方面軍）は報道部を持っていたが、国民軍の傍受記録に基いて宣伝活動を行っていた。(RG 319 "P" File B 3178)

「月報」には、一二月中に「印度旬報」五三～五五号を作成したとある。この旬報には、機関が傍受した外国のラジオ放送のほか、各国の新聞、通信社のニュースの要約が記載され、本部、支部、方面軍などに配布されていたと思われる。

# 戦争末期の光機関とボース

## 光機関の組織再編

**インパール作戦失敗後の改革**

一九四四年末には、インパール作戦の失敗を受けて、光機関や分派機関の再編成が進んだ。謀略活動でのインド兵に依拠する工作活動の度合いを低め、日本人の光機関員が前面に出るとともに、各軍、各部隊で作戦前や作戦中にできた群小の機関を吸収する方向に進んだ。インド兵つまり国民軍への期待は、インド進攻をあきらめた日本軍には低くなった。光機関の組織の基本構造は変わっていないが、規模が小さくなった（図10）。

一方、日本人が中心になって、ゲリラやスパイ活動を行う方向が明確になった。磯田によれば、南方遊撃隊司令官という辞令を一九四四年一月に受けたとき、そのねらいがわか

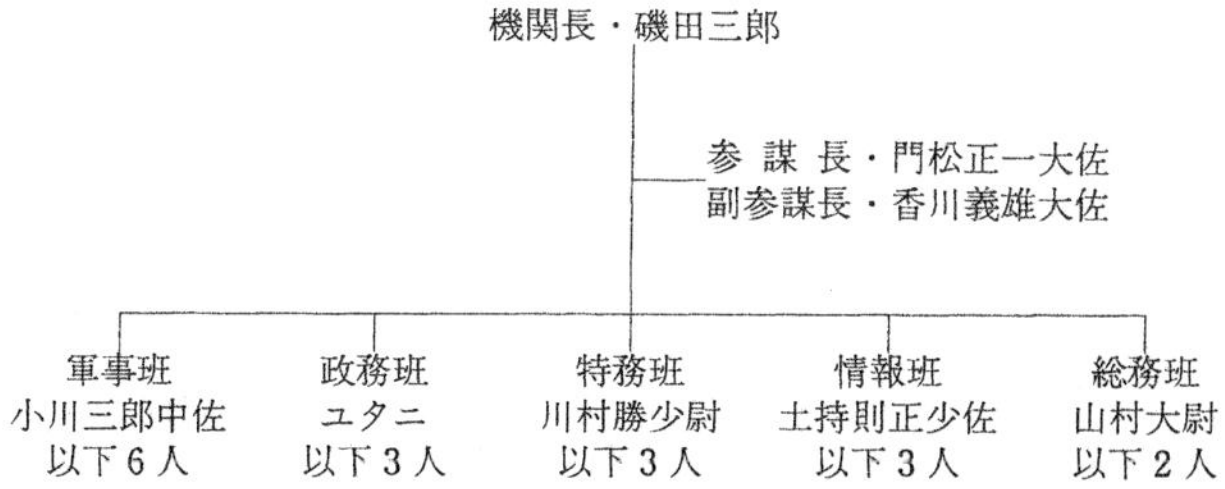


図10　光機関の組織（1944年12月）

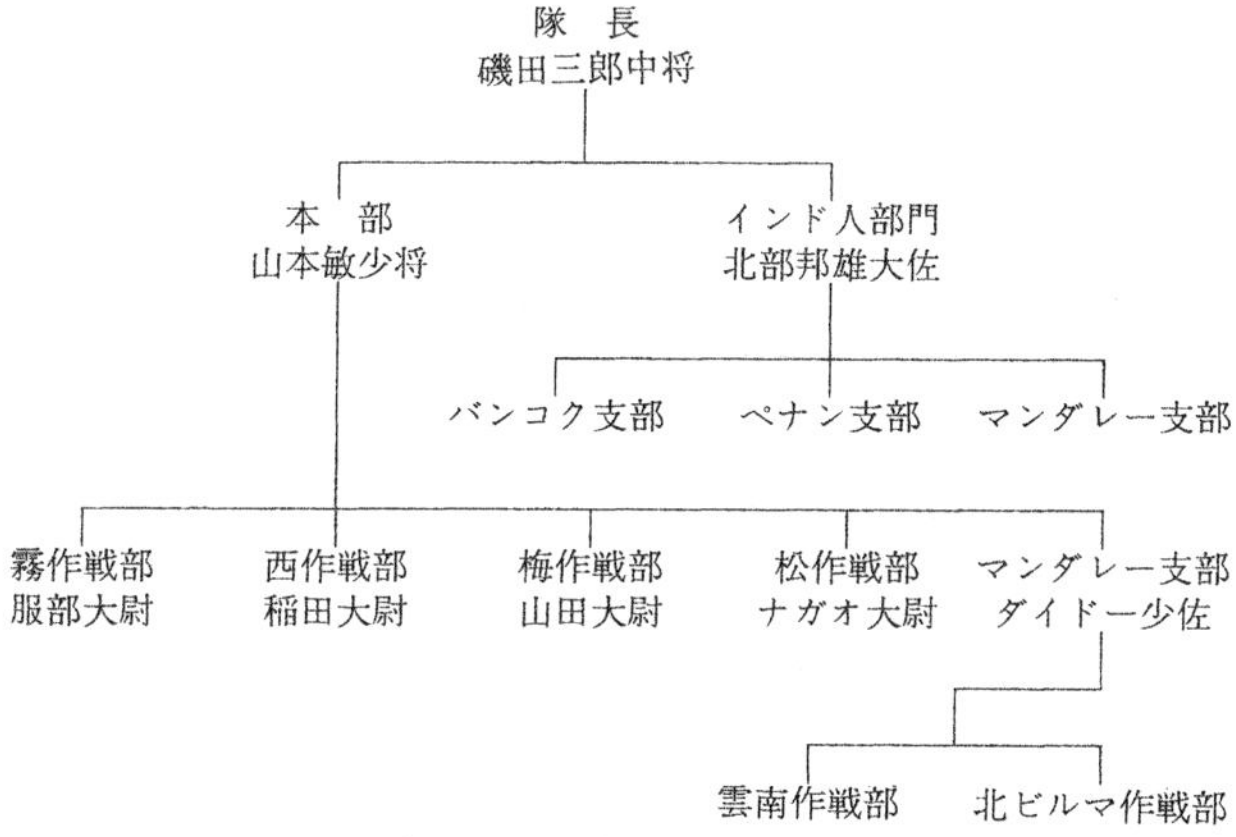


図11　南方遊撃隊の組織（1944年末）

らずけげんな顔をした磯田にたいし、南京の支那派遣軍司令官畑俊六が、国力の弱った日本はゲリラ戦の必要性があってポストを新設したと述べた。インパール作戦では、ゲリラ活動はインド人に任せた。しかし作戦が失敗したとなっては、日本人中心のゲリラ戦の構想、つまり新設ポストの当初の意図が再び浮かび上がってきた。そこでビルマ方面軍の各機関を再編成した南方遊撃隊の組織ができあがった（図11）。

南方遊撃隊は霧、西、梅、松の作戦部や雲南、北ビルマ作戦部とともに、ビルマ平原で連合軍を迎えうつ本隊をゲリラ、スパイ活動で助けようとした。このうち、梅作戦部のリーダーとなった山田大尉はカレワ出張所で山田班をつくり、第三一師団のコヒマ進攻で活躍した人物である。かれはスパイ工作員のネットワークを敵陣地に残し、将来の反攻に備えようとの意図で抜擢されたのであろう。全体的な不利な状況のなかで、連合軍に奪還された地域を後方攪乱させ、その後の再奪還を図る意図をもっていた。第二八師団参謀長だった岩畔は四四年九月に将校、下士官、憲兵からなる二〇〇人の日本人のみの疾風隊《はやてたい》という工作隊を組織した。かれらは英語、ビルマ語を話し、ビルマ人に変装して、原住民から情報を入手したり、ゲリラ活動を行う訓練を受けた。しかしこれがどれほど活動したかわからない。光機関のナリカワ大尉の尋問書によると、四五年にマンダレーから撤退したとき、一五人の光機関員が敵地にとどまって後方攪乱に従事したが、敗戦後にはビルマなど海外どこにも残置された日本人のゲリラ員やスパイ工作員はいないという（RG 165 E 79 "P" File B 2131）。

**中野学校出身者**

中野学校の資料はアメリカ国立公文書館では不思議と少ない。日本の諜報機関にあれほど関心をもって追跡したOSS資料群にも、陸軍のこの諜報員養成所の歴史をまとめたリポートが見当らない。実際には、リポートがあるけれども、国家秘密にかかわるものとして機密指定されたままであるのかもしれない。なぜなら中野学校出身者が占領期にアメリカ軍の謀略活動に参加したともいわれているからだ。ともかくビルマ工作の南機関やインド工作の光機関には、多数の中野学校出身者がいたことはたしかである。

光機関にいた中野学校出身者の松元泰允によると、宣伝、政治学、外国語、無線のほか軍事訓練を将校は一年余り、下士官は六ヶ月受けた（尋問調査）。南機関の初期に活動した将校一〇名、下士官一四名は全員中野学校出身者であった。かれらが建国ビルマの防諜業務についた。（『その名は南謀略機関』）

中野学校出身者の作成した資料によれば、光機関の総人員五〇〇余名のうち、出身者は一三三名であった（『陸軍中野学校』）。かれらはインパール作戦前後からビルマに目立ち出し、諜報活動に従事した。かれらは当時、比較的若かったので、前線の将校としてスパイ工作などに従事していた。そして作戦終了後は、南方遊撃隊傘下の各特務機関にゲリラ戦士として参加したと考えられる。光機関の機能の変化もかれら人材の参加によって大きく左右されていた。

**大川塾出身者**

大東亜共栄圏イデオローグ大川周明が一九三八年に東京鷺宮で開校した東亜経済調査局付属研究所は、いわゆる大川塾と呼ばれ、アジア各地への工作員を養成した。OSS作成の光機関の名簿にも二名の出身者が出ている。そのうちスドウ・カズオは連合軍の尋問調査で、一九三八年四月頃入塾した際、同期生は二〇名だったとのべ、国際関係、外交史、ヒンドスタニー語などを学んだ。カルカッタ領事館の事務員となった後、光機関に入った。またオオツカ・ノジオによれば、軍事教練はなかったが、マラリア予防法を学んだ。出身者は外務省のほか三井、三菱の商社などにつとめた。光機関は勤め先と交渉して、かれらを採用した。かれらはゲリラ工作よりも、語学や地理の知識を買われて、主として少数民族への工作に利用されていた。

オノ・イチローはアメリカの大学を出て、通訳としてラングーンの光機関に雇われ、情報班に属した。かれは四四年五月から四五年七月まで、ボースと光機関幹部の会談の通訳を担当した。かれは連合軍の尋問に次のように答えている。

**ボース通訳の尋問調査**

ボース・磯田会談　四四年一〇月

イギリス軍のマレー上陸の恐れがあるので、日本軍はボースの了承をえないで、国民軍のマレー部隊を日本の指揮下に置くと指示。ボースは国民軍と日本軍とは対等と怒る。インパール作戦で指揮下に入ったのは、臨時的な措置で、ビルマでの協定はマレーにあてはまらぬと主張。そして光機関はたんなる連絡機関と主張。東京に直談判するといって東京へ飛び、小磯新首相や陸軍省、外務省に訴えた。

ボース・香川会談　四五年四月二〇日か二二日

ボースは撤退後のラングーンにスパイを残すことを計画し、金（日本軍紙幣か金塊）と無線機を要求した。金塊のみ提供された。これには磯田も関与していると推測している。

暗号解読資料によると、ボースの東京行きの際、不在中の指揮者の臨時代行の指名を光機関長がボースに求めたが、無視された（RG 457 B 915）。敗戦の方向へと戦局が展開するにつれ、ボースと光機関との間でギクシャクしたものが生じてきたことがわかる。ボースからしてみれば、日本軍がインパールからボースの意向を無視して撤退したことに不満が強かった。日本軍の方では国民軍は補助的な任務さえ遂行できないばかりか、オノ証言によると、イラワジ河を渡る前に中佐を含めたインド兵三〇〇〜四〇〇〇名がイギリス軍へ大量降伏したことに根をもっていた。しかし連合軍側の資料はほぼ一致して、インパール作戦での国民軍の捕虜は意外に少なく、日本軍に終始忠実な者が多数を占めたと評価している。

**日本軍とボースの関係悪化**

ともかくインパール作戦の大失敗さえなければ、関係は悪化しなかったはずである。だが作戦前までは、蜜月状態にあった両者の摩擦は日に日に強まった。しかし両者とも仲違いするわけにはいかない事情があった。ボースは日本軍の他にたよるべき相手が見つからなかった。一方、日本軍では敗れた第一五軍の戦力に代るものは、ボースの宣伝力しかないとの認識があった。

ボースはスパイ組織を残すことで、ビルマに捲土重来の拠点を維持しておきたかった。

日本軍はその実現を疑問視しつつ、若干の資金援助を行った。しかしながら、ともにタイ、シンガポールへと落ち延びるしかなかった。連合軍のラングーン占領の際、国民軍の五〇〇〇名の兵士が逮捕されていた（Weekly Security No.186）。ボース、磯田らの一行は四五年四月二四日夜、ラングーンを撤退した。

**バンコクでの光機関**

空爆を避けて、ラングーンから徒歩、鉄道、車を乗りつぎ一ヵ月ほどかかって、四五年五月下旬、ボース、磯田らの一行はバンコクにたどりついた。それと同時に、バンコクが光機関の本部となった。本部には、磯田、香川大佐以下三三人の将校、一〇〇人の兵士、五人の通訳、四人の雇員の総勢一四二名いた（RG 165 E 79 "P" File B 2131）。ラングーン時代に比べると減少しているが、それでもなかなかの数である。オノ通訳によると、光機関は四つの班に分かれた。第一班は前の総務班を受けつぎ、第二班は前の政務班と軍事班を合体させた。光機関の軍事色が一層弱まってきたことがわかる。第三班は前の情報班、第四班は旧特務班であった。

バンコクには依然として、光機関支部があった。四五年二月二日から終戦まで、バンコクの光機関にいた松元泰允の尋問書によれば、支部時代のバンコクにはオダ以下八人がいた。国民軍の情報を集めるほか、国民軍のビルマでの活動の写真や新聞を出していた。しかし光機関幹部がしょっちゅう移動して、インド人との接触が不足しがちであること、光機関員はヒンドスタニー語を知らず将校は英語をしゃべれないということばの壁、なによりもボースの要求のみを認める光機関の姿勢に、独立連盟のインド人幹部が不満をいだいていた。

### 石田機関

光機関の力が相対的に低下しているなかで南方軍調査班、通称石田機関というのが諜報活動を行っていた。石田中佐が責任者で、二〇〜三〇人がタイの軍・政府の情報収集、タイ語・中国語新聞の翻訳、世論調査を行っていた。四四年一〇月八日付のバンコクから東京への日本政府あるいは日本軍の暗号電報解読によると、インパール作戦の失敗で、タイのインド人のボース離れは進んでおり、日本軍の威信も低下していた(RG 457 B 915)。石田機関設立はビルマに続いてタイにも連合軍の攻勢が強まり、反日世論が高まってきたのに対応した南方軍の動きであった。またビルマ軍が突如、連合軍側に寝返ったという四五年四月の事態が、タイでも起こることへの心配が日本軍にあった。

石田機関のリポートを四五年七月に光機関の本部で見たオノ・イチローの記憶では、バンコクのタイ人、中国人の悪化する戦局への反応を掲載しており、憲兵隊や第一八軍で回読されていた。タイ人は日本人との協力関係に不安をいだき、中国人、インド人の商人は終戦による物価下落を恐れている。したがってインド人は国民軍にも、独立連盟にも距離をおきだしているとの内容であったらしい。

# ボースの苦悶と死

### ボースの地位の低下

オーストラリア軍は一九四五年九月二日付で「光機関の機能」（RG 457 B 1086）というリポートをウルトラの暗号解読資料に基づいてまとめている。これはインパール作戦中止から終戦までの時期を扱っている貴重なものである。

これによれば、四五年七月二八日付の通信は上海の光機関の閉鎖を伝えている。また、この頃、国民軍の上海訓練所も閉鎖された。光機関の上海支部の存在を伝えたのはこのリポートのみである。南方軍は四四年九月一八日付で、ボースはまじめさに欠けるので、かれの昇給をストップし、上海に移動させようとの電報を打った。これにたいし、ボースは杉山陸相あてに日本人の国民軍への非協力に不満をいだいているとの電報を九月二〇日付で打ち返している。さらにボースが四四年九月から終戦まで光機関を通じインドのカルカッタ、マドラスなどにいる工作者に暗号通信をよく送っている。そのなかには、ビルマ時代にも連絡のあったカブールのバーガット・ラムの名も出ている。これらの電文はスパイ活動の証拠であると、リポートは分析している。同盟国の日本の敗戦必至の情報を認識しているボースが、独立連盟、国民軍から離れて、さらには日本や光機関から自立して、別途、インド独立の道を新たに模索しているのがうかがえる。

なお、光機関はボースとの距離をやや離しつつも、ボースや独立連盟などにたいする責任をなんとか果たそうと終戦まで努めていたことも判明する。

### 敗戦と光機関

一九四五年一〇月一二日付のイギリス側資料（RG 38 Oriental B 9）によると、一〇月九日までに八四七人の憲兵と一三二人の光機関員が連合国側に逮捕された。しかしこの資料には逮捕された場所の記載がない。磯田らはバンコクないしシンガポールでイギリス軍に逮捕された。機関員全体の数からみて、一三二人は少ない数ではない。連合国側が光機関の諜報活動をいかに恐れ、その影響力の評価が大きかったことを示している。しかし憲兵が防諜活動で示したような拷問、殺人的な行動が光機関員には見られなかったので、戦争責任を問われて重罪となるケースはなかったと思われる。磯田機関長、香川参謀らはシンガポールで抑留されたが、処刑はまぬがれた。かれら幹部はイギリス政府の国民軍裁判の証人としてニューデリーに送られた。裁判はインド国民の国民軍支持の世論が高揚したため、ほぼ全員無罪となった。その後まもなく、磯田らは日本に帰還した。

**ボース死なず**

ボースは日本の敗戦色が濃くなった四四年末、今度はソ連にインド独立運動の助けを求めることになった。かれは一一月に東京へ行ったとき、ソ連大使館に手紙を出したが、面会を拒否された（「機密日誌」四四年一二月七日付）。さらに四五年六月二九日付の暗号解読資料（RG 457 B 915）は、ボースがソ連・日本の連合を構想し、ソ連のボースへの支援を求める動きを明らかにしている。この構想には日本政府も支援しており、東郷外相がこの件で佐藤駐ソ大使に伝令を出していた。しかしソ連は日本への参戦を予定していたので、この話には乗らなかった。実際、八月にソ連は参戦した。そしてまもなく日本の敗戦となった。それにもかかわらず、ボースはソ連の支持を求めて動いた。その動きを日本側は黙認した。かれは光機関の了解もえて、シンガポールから満州行きの日本軍輸送機に同乗した。ところが、同機は八月一七日にガソリン補給で途中立寄った台北の松山飛行場で離陸に失敗し、炎上した。ボースは重傷を負い、病院にかつぎ込まれたが、全身火傷で死亡した。

遺骨は現在も東京杉並の蓮光寺に納められている。戦後の裁判で国民軍の幹部は全員無罪となった。イギリス軍はインド国民の盛り上がる国民軍支持の世論を無視できず、予定した死刑判決を下すことはできなかった。ボースの裁判はもちろんできなかったが、かれを国民が英雄視したことはたしかである。現在もかれの遺骨が祖国へ帰っていないのは、インド人とくにかれの出身地カルカッタの人々がかれの死を認めないからであるといわれる。明治の日本人が西郷隆盛の死を確認したがらなかったように、ボースは今でも生きていると考えている国民が多数いる。かれらの英雄神話が残っているかぎり、ボースは蓮光寺から離れられない。

# 諜報・宣伝から見たインパール作戦

# 投降下級将校の手記——英軍に来て

## 解説

**命令下達システム告発**　この将校手記の原文はもちろん日本語に書かれたものであったが、それが英訳され、連合軍東南アジア地区の心理作戦研究誌（SEATIC, *Psychological Bulletin*, No.1）に掲載された。ところが原文が紛失したため、英文から再び日本語に訳された。その際の訳者は早稲田大学卒の捕虜であったという。もちろん筆者、訳者の名前はわからない（RG 208 E 378 B 445）。なお日本語に戻したのは、この手記を日本兵への降伏呼びかけの宣伝に使うためであったと思われる。

内容からみて、この将校は最前線で一般兵士を指揮する尉官クラスの若手下級将校と思われる。かれはイギリス軍大佐のリポート（一九九頁）にある四四年六月ウクルル路で捕虜となった第一五師団の少尉であるかもしれない。ともかく論理の展開法や立派な文章からみて、なかなか有能な将校である。

この将校の手記はイギリス軍によって強制的に書かされたものではなく、むしろ日本軍高級将校告発に駆られて自主的に書いたものと思われる。強制的に書かれたものであれば、連合軍の研究誌に掲載されることはなかったろう。

この文章には、多くの兵士を悲惨な戦場に送って死なせた日本軍幹部の欺瞞《ぎまん》、裏切り、無計画さが客観的、冷静に表現されている。インパールの第一線の現場を知るには格好の手記といえよう。「くり返し、くり返し高級指揮官に重砲と飛行機は一体どうしているのか、早く送ってくれねば敗北はわかりきっている、是非とも」とか「なぜ命令ばかり来て、食べ物が来ぬか」という将校手記と酷似した表現は、第一五軍の牟田口司令官への第一五、三一、三三師団の師団長からの電文に使われていた。つまりこのような不満は上は師団長から下は一兵卒まで全階級の前線の軍人に共通するものであった。ただその不満を表現した三人の師団長は更迭されたり、罷免となった。しかしかれらは厳重処分を受けたとはいえ、せめて不満をいえただけでも幸いだった。一般兵士は下級将校を含め、階級社会の上意下達のシステムのなかで、命令を甘受し、犬死の道を歩むだけであった。

## 諜報的な手記

この手記は本書には直接関係のない長文だと思う読者もいよう。しかし現場を軽視し、現場に足を運ぶことなく、身の安全な司令部の机上で作戦を立てる師団長、高級参謀などの情報無視を告発した文章である。つまり日本軍の上部のリーダーの情報軽視の姿勢を指摘している。大本営秦参謀次長は一九四四年五月一日、東京からラングーンまで来たが、現場に一切足を運ぶことなく、河辺から八〇〜八五％の成功の確率という説明を聞いただけで帰った。牟田口がインパールの最前線に赴いたという記録も見あたらない。それはまた上部機関による光機関や国民軍の諜報活動への無視を示唆している。無理な命令を出したがために多数の兵士を犠牲にさせても、責任を自分でなく兵士に押しつける上官と兵士との関係はそのまま光機関とインド兵スパイ工作員にもあてはまる。さらにこの手記は一般兵士を欺瞞・洗脳させる宣伝の方法やイデオロギー注入の仕方も告発している。したがって、これはすぐれて諜報的な価値ある手記である。

英軍に来て（本文）

インパール地区におけるあの作戦中、私が今までいた所を棄てて、英軍に来てしまったと言うことは、一体何が原因していたかについてその概略をお話すれば、大体次の理由によるものであります。

一、裏切り行為

日本の軍国主義的政府は久しく国民に向って、日本軍の征《ゆ》く所連戦連勝、常に大勝利を得ているのであると、偽って宣伝し、国民を欺きつづけ、善良な何も知らぬ国民は、まったくその通りであろうと信じ、深く心を動かし、まんまと騙《だ》まされていたのでありま す。しかし、国民の中には、このような政府の寝言を深く信用せずして悲観的な気分を持ち、戦争にそろそろあきて来た民衆もいましたが、そんな人々を政府はひどく恐れて、日本は勝つに決まっている、心配無用だと出鱈目《でたらめ》な事をいって、狂《きちがい》のような馬鹿さわぎの中に、まき込んで、何とかして戦争を好きにしようとあせっているのであります。こんな事をしていても政府は、いつかは、本当のことが一般にわかってしまって、根も葉もない嘘《うそ》ばかりの宣伝が化けの皮がはげはせぬかとそれを極度に恐れているのでありますが、かかる政府の態度は、日本が没落し、やがては敗北に近づいて行くのを助けるだけでありまして、全く国民を欺いたゆるしがたき裏切行為なのであります。

この恐るべき欺瞞行為と裏切行為が、逆に軍隊の中にまで行われるようになってしまったのであります。即ち、一例を上げれば、インパール地区の高級指揮官はかの攻撃の前に、この作戦は編制、装備、その他あらゆる状況もすべて日本軍に非常に有利で、その戦力は実に余裕綽々《しゃくしゃく》たるものがあるが、これに比し英軍はいわゆる英印軍で、その兵は無智な能力の極《ご》く低い鈍重きわまりなきインド兵ばかりで、英人は指揮官ぐらいのものである。それにインド兵たるや彼等は多くのそれぞれ異なった宗教を持っているものであるから、そのため習慣も少々異り、他の宗教のものとは、何か相い入れぬものがあるので、したがって兵の団結とか協力などということはまことに乏しいのである。さらにその上に彼等の訓練、編成、装備もいたって貧弱で、戦闘意識はほとんどなく、しかたなくやっているのであると言い聞かされて来たのであります。忠実な日本の兵隊は騙《だま》されたとも知らず、一応は士気が大いに揚りました。が、しかしさてやって見ると、そんなことで勝てるものではない。いたるところで日本軍は打ち敗《や》ぶられ、さんざんなめにあい、はじめて、ああ、欺かれたと気のついた時は、もはや、遅く、ただ逃げまわるよりほかに道はなかったのであります。このような高級指揮官は第一線に出て来たことがなく、全く第一線の事情を知らずに、頭の中だけで、第一線の状況を考えることなく、いいかげんな作戦を考え、かまわず命令を下しているのでありますが、それは、第一線の実際の状況とあてはめて考えると、まったくそれに適応せぬ常規を逸した乱暴な命令なのであります。

しかし高級指揮官は、それが無茶であることに気づかず、無理に従わせようとするため、命令に忠実な第一線将兵はあわれにも、その犠牲となって次々と倒れていったのでありますが、その死に対しては、それほど深く責任は感じていないのであります。

吾々《われわれ》、第一線将兵は、幾度となく、くり返しくり返し高級指揮官に重砲と飛行機は一体どうしているのか、早く送ってくれねば敗北はわかりきっている、是非とも、と願っていたのでありますが、その要求は少しも入れられず、全くそれを無視して、反対に知らぬ顔で次々と山のように送られて来たのはどう考えても実行が不可能なやくざな命令ばかりだったのであります。しかも、それを実行すれば死ぬのはわかりきっているし、何んの役にも立たぬ可能性のない命令なのでありますが、どうにかして服従しようとして苦労に苦労を重ねて、そのあげく忠実な兵は気の毒にも犬死にしていったのであります。

このように参謀や高級指揮官は、はるかに後方に隠れていて、何等前線の苦闘を知らず、ただただ、まだ努力が足りぬ、もっともっと勇敢に奮戦しろと厳しく要求し、連日の死闘にくたくたに疲れた兵をさらに苦しめているばかりなのであります。このようなひどい参謀や高級指揮官などは、後方でばかり文句を並べていないで、彼等の命じたことは第一線将兵が死を賭《と》してやっても幾度となく失敗し、そのたびに尊い犠牲を出しているのは、どうしたわけだろうかと、どしどし前線に出て来て、その原因をよく調査すべきではなかろうか。それにもかゝわらず、彼等は自分の不可能な要求ばかりを厳重に出して、生死の境から叫ぶ第一線将兵の悲壮な要求をことごとく拒絶し、第一線将兵の努力を全く踏《ふ》みつけた行為に出たのでありました。

大砲や飛行機や戦車などの兵器の要求でさえ以上の如くでありますから、生きることに欠く可からざる食べ物の要求も、もちろん同じ運命にあったのであります。調味料などと贅沢は言わぬ、米だけでもよい、無ければ籾《もみ》でもよい、それも無ければ何んでもよい、食べる物をくれと、再三再四悲痛な要求をしたが、すべて無駄でありまして、食べ物をくれぬどころか、反対になお悪いことには、我々の大隊の携行糧秣《りょうまつ》を大隊の兵が後方から馬につけて運ぶ途中、これを知った師団はそれを横取りして巻き上げてしまったということをきいたのです。何んという事をするのか、我々は泥水を飲み、雑草を噛《か》んで師団本部のやり方に悲憤《ひふん》の涙をのんだのでありました。こうして武器もなく食物もなく、来る日も来る日も、夜となく昼となく敵の猛烈なる砲撃、爆撃を浴びながら、かろうじてやっと生きているだけ、というような状態におかれていたのでありました。

このような状況の中にあっては、我《(ママ)》の士気などというものは今さら言うまでもないことでありましょう。我々は死にもの狂いでもがきまわり、全く勝つ見込もなく、やがてはあえない最後をとげるのを待つばかりで、まことに心細いものでありました。第一線将兵というものは、こんな悲惨な目にあわされていたのでありました。欺《(ママ)》りほど恐ろしいものはないのでありまして、あの南太平洋の敗戦もドイツの痛ましい現状も、軍部の手先の躍る〝嘘つき連中〟に騙《だ》まされたことによりもたらされたことは明白であります。

とにかく第一線将兵や国民をたびたび騙して来ているのでありますから、若し戦争が片付き、敗北ときまって、すべてが白日下に曝《さら》されたとき、軍部は騙されていた兵士の不満と怒りをかって大混乱に陥るかも知れぬし、出鱈目ばかりいって前線勇士を苦しめぬいた高級指揮官は、敗戦のヤケクソ気分の中でひどい目にあわされるようなことになりはしないでありましょうか。

以上は私が前線で体験をした範囲のこうした話の一部分だけにすぎないのでありますが、広く全般的に日本の状況を見るならば、日本国民は気の毒なほど軍国主義政治にうまく騙《だ》まされてまんまと裏切られていることは明白なことであります。東条は疑いもなく全国民を裏切ったのと同様に、第一線の我々をもはっきりと裏切っているのです。そもそも、その時の日本の参謀総長は一体誰であったでありましょうか。あんな馬鹿げた愚にもつかぬ、初年兵の戦術より下手な作戦を計画し、数多くの将兵を言語に絶する苦難の中に陥しいれ、死にいたらしめたのは誰でありましょうか。それであるのに東条は決して自分の作戦の愚劣を過《あやま》ちと思わずのみならず、幾多の尊い犠牲に対してさえも、何等後悔の色を見せていないのであります。参謀総長がこのような頼り無いものでありますから、その下にいる参謀連もことごとく案山子《かかし》同然でありますので、我々は一体、だれの指導をうけてやったらうまくいくのか、又どうしてよいのか、やがてはチリヂリバラバラになってしまう結果となるのは当然すぎる当然ではありますまいか。

昔の日本はあらゆる点で美しかったのでありますが、今日では乱暴なわけのわからぬ指導者の裏切行為がかさなってそれにしばられ、いためつけられてひきずられているのであります。このような方法で国民をうまく騙ますことにより、したがわせようとするのは全く無理なことでありまして、常にこのようなことをしていれば、何時《いつ》かは日本のあらゆる方面に支障が起こり、大混乱のうちに自然とつぶれてしまうよりほかにないでありましょう。

　私はこの裏切行為にも等しい欺《(ママ)》りばかりが渦を巻いている大津波の中に巻き込まれて苦しむのはどう考えても好《こ》のましからぬので、私はその危険から遂に逃げ出した次第であります。

二、英軍の本質と実力

　英軍の内容については、今までにいろいろと宣伝され言いきかされて来ましたが、さて、後方から前線に赴任して来て見ると、まったくだれが我々を欺した、嘘ばかりであると知って大いに驚いたのでありました。日本の飛行機が一台も姿を見せぬのに、朝夕となく空を駆けめぐる英空軍の優勢さによって、まず最初に英軍の力の概略を知ったのでありまして、絶えず我々の陣地をおびやかせるインド兵は、我々が今まで聞かされていたことよりも、はるかに役に立つ兵隊で、よく訓練もされてあり、英人指揮官の命令通り巧妙に戦い、その頑張る力も大したものであるのを知ったのであります。また、陣地の我々がかくれている壕の中にも、はるかかなたの敵砲兵は、連日猛烈に、しかも驚くべく正確さを以て砲撃をしてきたのであります。我々は壕の中で、これも恐らくインド兵の砲手によって砲撃されているのであろうと考え、今さらながら英印軍の本当の実力を正しく教えてくれなかった後方の指揮官に対する憎悪の念に燃えたのであります。

　これのみならず半日近くもつづく猛砲撃や、延延長蛇の如きトラックの列や、大型輸送機の活躍をはるかに見て、その武器弾薬の豊富さと、輸送力の絶大さにただただ驚いたのであり、もちろん食べ物も日本軍とはまったく比べ物にならぬほど異っていたのでは当然であります。さらに英軍に来てから知ったのでありますが、飛行機といい道路といい、物資の多量な貯蔵状態も、あるいはまた、個人兵器、個人給養などすべて中分《ぶん》なく、その情報たるや驚くほど綿密に調査され、私の大隊の小隊長の名前まで解っていた。かくして戦争遂行上、万遺《ばん》漏なくすべて完備していたのであります。

　かかる状況下にある英軍と、食うや食わずの日本軍との戦争は、大人と子供の喧嘩みたいなもので、こんな馬鹿馬鹿しい争いは、一日も早く止めた方が賢明なやり方でありましょうし、何時までも痩《やせ》我慢をしていて英軍から弾丸のお見舞いをもらうよりは、馬鹿らしい所を早く見限ぎり、英軍の中でおいしい食物を御馳走になった方がはるかに人間らしい考えではありますまいか。早速私はそれを行動に移したのでありました。

## 三、誤れる階級観念

昔から、日本は長い間階級の区別をあまりにも極端につけすぎておりますので、その階級の相違というものは、はげしく日本人をくるしめてきているのであります。たとえわずかの階級の違いといえども、目上の人に対しては、目下の者は大いにこれを尊敬し、時としては召使の如く目上の者にへつらわねばならぬ場合もあるのであります。

ここに一つ誤まれる階級観念の例を挙げるならば、昔の武士と野人との階級の相違に就いて考えてみますと、大なる隔《へだた》りがそこにあるのであります。即ち路を歩く場合にしても、武士階級にあるものは、大道の中央八割を大手を振って威張って歩き、野人の階級にあるものは残りの二割をこそこそと歩いたといわれています。これなども、日本のあやまれるそれのあらわれと思うのであります。ところが今日といえども、なおこのサムライ時代のような古くさい悪習が、根強く社会のあらゆる階級と階級との間にいちじるしい差別をつけて頑張っているのでありまして、上層階級の者は、ひどく頭をおさえられるということは少ないが、下層階級の者は絶えずいらいらの種類の圧迫にかこまれて苦しまねばならぬものであり、またそれは止むを得ぬという考え方は、私のみならず誰が考えても誤ったものであって、誰しもこのきゅうくつな所よりぬけ出して、のびのびと快活なごく自然な中に住みたいと切望するのは当然でありましょうし、上下の階級観念を誤った人々の間には、お互いに満足し切った美しい心のとけ合いなどは到底望み得ないのであります。

過日私が英国の将校の方の御招きを受けて、晩餐を共にしたことがありましたが、英将校の中には少佐の方もあれば、中尉の方もおられたけれども、上級者とか下級者とかいう、かた苦しい階級の区別をまったく離れて、少佐も中尉も、お互いに冗談をいって笑い合ったり、あたかも永い永い親友のような親しみの中に話しをしておられたのであります。

私はその非常に明るい暖かみのある雰囲気を、本当に羨ましく思ったのでありました。日本で将校が一緒に飯を食うような場合、同級者ばかりならば別でありますが、上級者が一人でもいると、その雰囲気はかたく冷いものになり、親密さとか明るさの点がはなはだしく欠けてしまうのであります。そうして食事中、上官から話かけられた時は、たとえその階級がたった一階級の差であっても、下級者はしかつめらしく姿勢を正し、上官を尊敬したかたい言葉で答えねばならぬので、こうしたことは酒でもあれば別でありますが、普通の場合どうしてもかた苦しくなり、かりに笑ったとしても、なぜかうつろなもののある笑であることを見逃がせぬものがあるのであります。日本の軍隊には、昔の日本武士の有した幾多の美点をどしどし取り入れるべきであるのに、善い点を取り入れるのを、まったく忘れて、悪い所ばかり残しているように思われるのであります。この古くさいサムライ時代の誤れる観念にとりまかれることは、新しい思想を持つ私には、とてもたえられぬ窮屈さであるのであります。

## 四、冷酷な命令

前に私が述べました日本人の間にある誤れる階級観念は、ひいては次ぎのような、よからぬ形となって現れるのであります。即ち日本軍においては、上官よりの命令は、その内容が、よかろうが悪かろうがどうあろうとも、まったくそれに云々《うんぬん》することは許されぬもので、ただ黙々としてこれに絶対服従し、それを命がけでも実行せねばならぬのであります。時には上官の不注意から実行不可能な乱暴な命令を遠慮なく出したばっかりに、それを実行せんとした多くの兵が死んだとしても、上官はその命令の間違ったことを認めずして、むしろ、それは兵の努力の不足によるとこじつけた理屈をいうのである。どんな命令でもやるのが当然というかたい考え方がそうさせるのでありましょう。

しかし日本の命令はことごとくそうかというと、そうではないのであります。私が日本内地の立派な編制の連隊にいた時、そこで達せられた命令は筋道の通った堂々たる立派なもので、当然そうあるべき命令であったし、それに従ってやりさえすれば、間違いはなかったのであります。そのために兵は上官を深く尊敬し、何時もよくその命に従っていたのでありましたが、しかしながら私が前線に隷属してみますと、野戦にむける師団あたりからの命令は、全く不人情的な冷酷きわまる命令ばかりあったのでありました。けれども長い間絶対服従とばかり教え込まれて来た兵隊は、一生懸命にそれに従おうとして涙ぐましい努力はしているものの、物事には万事限度というものがある。

しかるにその限度を越した実状のそわぬ冷酷な命令に対しても、忠実な兵は黙々としてそれに従い、何とかしてなしとげんとしているのは、見るに見兼ねるものがあります。高級指揮官からの命令が次々と幹部の手を右から左へとまわって来て、最後に兵に直接に下達するのは我々下級将校でありますが、実につらい立場にあるのです。私は幾度か上からの命令があまりにもひどく到底実行不可能なる場合に、それを可能のところ半分だけ達したり、容易な命令に勝手に改造したり、あるいは全くにぎりつぶして、兵に達しなかったことさえありました。忠実な兵の顔を見ると、とても私の口からそんな惨酷な事はいえなくなってしまうのでありました。

前線の戦況が悪いと、高級指揮官は第一線将兵が悪いのだと非難し、我々の作戦指導はどこまでも正当なものであると、責任をほかになすりつけ、それどころか、前線の事情も知らず、戦況の思わしくないのに、ヤケクソになって無茶苦茶に殺人的命令を次々と発するのであります。どんな命令であろうと、上官の命令とあらば喜んで受けよう。しかし、日本兵といえども、人間である以上食べ物を必要とする。昔からいわれるように〝腹がすいては戦が出来ぬ〟であります。なぜ命令ばかり来て食べ物が来ぬか、と誰しも心の中で思っているのでありますが、それを口に出しては絶対にいえぬのであります。かかるひどい目にあわされても、さらに兵隊は惨酷な命令の服従に涙ぐましい努力をはらって悲惨な日を送ったのでありました。

飢《うえ》にあえぐ日本兵の惨状は眼を覆わしめるものがあり、カサカサになった、つやのない顔は紙のように青ざめ、すっかり影のうすくなった体は、骨と皮ばかりに痩せほそり、魚《さかな》の目のようになった目ばかりをぎょろつかせ、特に病人などは言語に絶する有様でありましたが、さてその哀れな兵達には気の毒ではあるが、どうして手をほどこしてよいのやら、その術もなかったのであります。こうした高級指揮官の不人情な出鱈目な作戦指導には、第一線では将校でさえも、口にとって出さぬが、これを心の奥で深く深くうらんでいたのであります。さらに、あきれることは、日本軍が退却するようになった時でさえも、彼等は逃げながらも相変らず冷酷な命令を出しつづけていたのでありますが、遂に次ぎの如き最後的な惨酷きわまる態度に出たのであります。

我々の食べ物の補給の道が全く断たれてしまい、その上我々が逃げるに必要な退路までもほとんど完全に遮断されてしまった時になって、はじめて退却してよしとの命令をくれたのでありますが、もう遅かった。そうなっても多くの兵は逃げたくても飢《うえ》のため倒れ、力なくやっと歩いているものはインド兵の猛射を浴びて倒れ、さもなくば、捕《つか》まえられるよりほかに道は無くなっていたのであります。どうせ逃げるのならば、なぜ逃げられるうちに早く命令をくれなかったのでありましょうか。退路を遮断されてから逃げろといったって何になりましょうか。これが冷酷な命令でなくて何でありましょう。

しかるに、この高級指揮官は何んの苦労もないはるか後方の安全なところにかくれているのでありますが、重要な作戦計画上そうすべきものなら、それでもよいが、それなら、なぜもっとうまい作戦計画をしてくれなかったのか、かくして彼等の冷酷な命令の犠牲となって、ジャングルの中を亡者の如く、さまよい逃げ歩く私の連隊の者で、はたして幾人の者が安全な場所に逃げ得たでありましょうか、まず無いといっても過言ではありますまい。

私はこのような冷酷な命令の中に、命を捨てることにいつまでも甘んじているほど馬鹿ではないつもりであります。

これまで四項目に分けて述べましたことは、私の手近にある主として日本軍隊に関したことでありますが、私が英軍に来る気持になった遠因については、まだまだいろいろの間接的の点がありまして、その全部はこゝにお話出来ませんが、大体以上の四項目が動機となって、私をそうさせたのでありましょう。前に尋問を受けた時いいましたように、私は無理に捕まえられたのではなく、むしろ苦しい世界から英軍の中に逃げてきたという方が適当かも知れません。そうしてまた、現在の日本国内は衣、食、住すべて実に苦しい状況にあり、しかも政府は国民の自由はあらゆる制限でこれをかこんでおさえつけ、遂には言論の自由も取り上げ、国民は言いたいことがあっても何もいえぬようにしてしまったのであります。もはや日本は連合軍の海上封鎖により、海外よりの物資は入らず、困窮の色ますます重なり、最近の空襲は九州の工業地帯を次々と破壊しておりますが、いずれは日本全土にわたる大空襲も遠くはないことでしょう。このようなことが、積り積って行けば、やがては日本の崩壊も日一日と近づくことでしょう。

そうして日本にもやがては、英国と手を握る日が来ることでしょう。がしかしどうせ手を握るならば、余計な苦労を重ねないで早く手を握った方が賢明なやり方ではありませんか。そこで好機は今と、あの敗戦のドサクサまぎれに私は敢然実行にうつしたのでありました。くどいようですが、もう一度くり返すならば、私はすべてを盲目にされていじめられる世界より、私がただただ切望しているのは誰も彼も仲よく平和に明るく楽しく生活出来る世界なのであります。

はじめて私が英軍の兵隊に会った時、私の希望は半《なか》ば入れられたような気がして大いに気をよくしたのであります。英軍の中には、日本の指導者が投げるような暗い影はどこにも無かったのであります。英兵は楽しく、鼻唄まじりで快活でありました。私はよい待遇を受けたし、私の日本将校としての階級に対しても、相当の尊敬をはらってくれたのでありますす。どの英兵も私に大層親切であったし、私よりはるかに階級の上の将校でさえも非常にやさしく、何等のへだてもなく気軽に明るく話しかけて下さった。いろいろの親切な厚いもてなしに対し、私は心から深く感謝すると共に、私のとった行動は、絶対に間違っていなかったことをはっきりと確信し得たのであります。

さて、私がこのような日本軍に対する意見を述べますと、中にはお前は以前からずっとそのような考えであったかどうか？　とお尋ねになる方もあるでありましょう。もちろん、私が前線に赴任して来る前、平和なタイ国にいた頃までは、そのような考えは、さほど深くはありませんでしたが、前線に来て見て、敗戦にヤケクソになった高級指揮官の冷酷な命令や、第一線将兵を動物以下に取扱い、そのあげく尊い命を紙屑をすてるように投げ出す無惨なやり方を見た時、何も彼《か》も踏《ふ》みつけにした彼等の行為に対する憎悪の念が雲の如くにわきおこり、私はその中で、ひどく苦しんでいたのでありました。がしかし、遂にそこを逃出した今日では、そのくらい雲もすっかり晴れ渡りました。日本が英国と手を握らなくとも、私は英国と個人的に手を握って新しい道を発見したのであります。

英国と手をとり合って行くからには、なにか英国のお手伝いでも出来ることがあったら幸いと、その日のくるのを楽しみに待っている次第であります。

終り

(RG 208 E 378 B 445)

# イギリス軍側の作戦評価

### イギリス軍将校のリポート

イギリス軍に投降した下級将校が、イギリス軍の圧倒的な戦力を知らない日本軍の司令官、師団長を批判した頃、イギリス第三三軍団所属のべネット大佐は「ビルマ—日本軍諜報組織と防諜方法」(一九四四年九月一六日付)というリポートを作成した(RG 38 E Oriental B 8)。第三三軍団はカレワで日本軍と戦闘した主力軍であった。かれはインパール作戦初期から終了まで前線にいた。このリポートはイギリス軍の諜報部門、第四軍団、第三三軍団の将校や民間将校の話、日本側押収資料と個人的観察に基づいていると、かれは冒頭で述べている。

リポートは前半部分で日本諜報機関の歴史と現状を簡潔に説明している。光機関をはじめ南・西・北機関、明機関や憲兵隊それぞれの構造、機能について数行ずつ記述している。しかしその内容にはとくに目新しいものはない。このリポートで注目されるのは、後半部分である。そこには、インパール作戦での日本軍やその諜報機関にたいする率直なコメントが入っている。

**日本諜報活動の欠陥その一**　ベネット大佐によれば、日本軍はこのコヒマ、インパールの戦いで数多い失敗をしているが、その原因としてとくに情報不足とそれによる事実認識の甘さが指摘できる。

一、日本軍はイギリス軍の第五インド師団がすでに一ヵ月前からインパールに投入されて戦っているのに、まだアラカン（アキャブ方面）で自軍と戦闘中と誤認していた。

二、日本軍のある情報将校（第一五師団少尉）は、六月ウクルル路で捕虜になったが、どのイギリス、インド部隊と戦闘中であったかさえ知らず、日本軍と交戦しているのは、北部では第一七インド師団、第二三インド師団、第二イギリス師団の三師団だけだと思っていた。

三、日本軍の高級情報将校は、オーヒンレック将軍がカルカッタの本部でイギリス軍の前線を指揮しているとか、イギリス旅団は九大隊で編成されているといったイギリス軍捕虜の説明を完全にうのみしていた。

先の日本軍の将校手記は、イギリス軍の将校は相手の軍の小隊長の名前までほとんど知っていると述べている。これに対し、日本軍の諜報関係の将校が戦闘相手の軍団の名前さえ知らないとすれば、相手の指揮官の名前やその性格もわからない。つまり指揮官のパーソナリティが現場の作戦を左右することに無頓着である。さらに飛行機の数、輸送能力、道路ばかりでなく、食料、武器、弾薬すべての面で、日本は相手を過小評価していた。とくにインド兵の能力や意欲を見くびっていた。つまり「敵を知り己れを知れば百戦して危うからず」という孫子の兵法の初歩さえ実行していないことになる。下級将校の批判した無謀な作戦を実行したといえよう。リポートのこのパラグラフの結論は次のようになっている。

四、日本軍がイギリス軍の戦力や能力を完全に過小評価した情報を信じたがためにおきた最悪の結果が、コヒマやインパールへの自殺的な作戦であった。

**日本諜報活動の欠陥その二**

日本兵には投降したり、捕えられたとき、連合軍側にかれのもっている情報を積極的に提供する者が多かった。連合軍から強要されたり、暴行を受けないのに、かれらは軍の機密をペラペラとしゃべった。先の投降下級将校だって、その一人である。かれの長文の文章が、日本兵への宣伝や心理分析に活用されたことは想像に難くない。また、捕虜や戦死者のポケットやバッグからは、軍隊手帳、日記、メモなどのほか、軍の重要な文書が発見された。ベネット・リポートはこの捕虜になった際の対応策の欠如を指摘する。

一、日本の捕虜はかれの知っていることをすべてしゃべることにいかなる呵責《かしやく》も感じない。それは、本当の日本人は捕虜にならないし、捕虜になれば、祖国に帰れぬ裏切り者との日本人の考え方のせいである。

二、日本の兵士や将校はいつも日記、身分証明書、次の作戦命令をもって前線に出た。そのため、捕虜はイギリス軍に貴重な情報を提供してくれた。

この指摘はただしい。そこで捕虜から重要な機密が漏れていることに気づいた日本軍第五三師団では、次のような趣旨の注意書を兵士に配っていた（RG 226 E 108 B 189）。

一、捕虜になるのは本人はもとより、家族や子孫になげかわしいし、不名誉である。

二、どんなきびしい状況に直面しようとも、捉えられないように全力をつくせ。

三、意識がなくなった状態のとき捉えられたら、

a　できるだけ逃亡し、原隊に帰れ。

b　逃亡に見込みがなければ、躊躇せず自殺せよ。
c　説得、脅迫、拷問を受けようとも、シラを切れ。

四、すべての公私の文書を安全な場所に置いてから戦場に出よ。こうすれば、敵から軍や兵士の情報を守ることができる。

情報漏洩防止の日本軍の対策はまったく裏目に出た。なぜなら、捕虜としておめおめと母国や原隊に帰るのを最大の不名誉と教え込まれた兵士の多くは、敗戦による祖国の民主化にしか生きる道がないと連合軍側に説得されると、敗戦にむけての敵側への協力を行うにやぶさかでなかった。もちろん持参の文書を隠す者はまれであった。このリポートの指摘は至当である。

**日本諜報活動の欠陥その三**

日本軍がインド兵、グルカ兵の捕虜の扱いを知らないというのが、次の指摘である。

一、日本人はインド兵とくにグルカ兵の心理を理解していないようだ。かれらを捕虜にしたとき、相手をなぐってから、ジフの軍隊に参加させようとするが、かれらの受けた心の傷を和らげようとしない。日本人はジフを選ぶとき利口ではない。かれらは頭のよい者を選ばず、かれらの前歴を調べようとしない。

二、最大のまちがいの一つは、インド人の宗教的なためらいへの干渉であった。かれらが食べることのできる物を与えようとせず、同じ物を与え、それを食べようが、食べられなくて死のうが無関心である。シーク教徒は自分の髪に触るのを禁じられているのに、日本人はかれらの髪を切り、ヒゲをそり、そしてジフに仕立てようとした。日本軍とくに光機関が多様な民族や宗教で構成されているインドの社会の習慣、風俗を知らず、それに無頓着であるため、軍規を一律に押しつける。捕虜を国民軍に編入させたとしても、かれらの心からの支持をえられないのに気づいていないという。だからこそ日本のかいらいの国民軍は役立たなかったというのが、リポートの示唆である。これも真実の一端をついた指摘といえよう。

**日本諜報活動の欠陥その四**

次は少数民族工作についての指摘だ。

一、日本軍の現地人にたいする工作は五〇％以下の成功率しかない。かれらを労役に使うとき、一定の金を出すが、その額は低く、おまけに日本軍のつくった価値の低い貨幣で支払うようだ。かれらは必要な食糧を村人から大量に搾り取り、それを埋め合わせしようとしない。忙しい植えつけの季節に労力に駆り出すため、農業に必要な男が村にいなくなってしまう。

二、前線の日本人の諜報、防諜の活動を概観すれば、教えられるものはない。かれらは占領した村々に忠誠心を根づかせるのに失敗した。かれらの示す傲慢さや一般的暴力のため、現地人は怒って、公然と暴力的な行為に及ぶことがあった（たとえばコヒマ西部のナガ族）。現地人から情報をえる方法は下手で、そうでなかったら、手紙、日記、作戦命令にあんなにまちがった情報を記入することはなかったろう。

これは先に引用した光機関のホマリン出張所の金子班長や丸山記者の記述とは、対立した内容である。しかし日本軍に余裕がなくなってきた時期には、指摘される軍票による強引な食糧徴発や強制労務が目立ったのであろう。牟田口のコヒマ作戦の指示には、食糧の現地調達があった。その際、傲慢さや暴力ざたが横行したことは想像に難くない。

リポートはスパイ活動についてもわずかながら触れている。

**日本諜報活動の欠陥その五**

一、われわれ全員がもっとも頭をかしげるのは、日本軍がこれから占領しようとする村や、すでにイギリス軍が占領した村に変装した日本人をスパイとして潜入させないことである。かれらはいつも現地人をスパイに使おうとする。もちろんスパイとして村に自国民を入れるのは安心できないというだろうが、それは村人の心を自分たちの側に引きよせられない原因である。

光機関がインドへの潜入スパイとしてインド人しか送らなかった理由は、日本人スパイは顔、体型の違いですぐに見破られる心配があったという点で納得がいく。しかし、潜水艦からインド上陸させた後は、放っておくというスパイ・システムは日本人の冷たい現地人採用主義のあらわれである。それでは成功率が悪くなるのもやむをえなかった。それはともかく、モンゴロイドとして同じ皮膚の色をしているアラカン山地の現地人に変装することは難しくなかったはずである。イギリス人は結構、自国民のスパイをこの地域に入れていた。ところが日本人は現地人とともにスパイ活動をするが、一人でスパイとして長期に潜入したという工作記録は見あたらない。これでは指摘のように現地人の心をつかむことはできないであろう。

## 日本諜報活動の欠陥その六

宣伝について。

一、かれらの宣伝の方法は子どもじみたというよりもっと拙劣であった。リポートの指摘はわずか一行である。日本軍のビラは現地機関の印刷設備が悪かったため、粗悪であった。「使っている英語はジャパニーズ・イングリッシュであり、インド語のものはさらに悪い。ビラ制作者は、連合軍の兵士の心理をつかんでない」というOSSの光機関リポートにあるコメントで補っておく（RG 226 E 154 B 93 F

1757)。

以上がリポートの指摘する六つの欠陥である。このリポートを見せられたアメリカ軍の大尉は、日本軍の活動を過小評価していると述べている。とくにここに整理した欠陥の四〜六が厳しすぎる指摘だという。この大尉にリポートへのコメントを求めたイギリス人の少佐も同意見である。

しかしこのリポートでベネット大佐は日本軍の諜報活動をけなす一方ではなかった。いくつか高く評価した点がある。

### 日本諜報活動の成果その一

一、インドへの進攻の日がイギリス側には完全な驚きであった。進攻の範囲もイギリス諜報機関の目をくらませていた。

これは牟田口中将を喜ばす評価である。かれはインパール作戦の成功不成功のカギは奇襲にあるとくり返し軍内部で説得していた。この秘密が作戦開始までは外部に漏洩しないばかりか、敵を驚かせたのである。イギリスの機関もインパール作戦を予想して、準備をしてきたが、これほど広範囲の地域に、早期に進軍してくるとは予想できなかったようである。第三三師団の行動がインパール、コヒマへの進攻の陽動作戦と位置づけた牟田口の戦術はまちがっていなかった。ともかく、暗号解読のウルトラがもっと早く、少なくとも四三年末に使用できれば、その進攻の日や範囲がわかり、もっと周到な準備ができていたと、イギリス側は思っていたのだろう。

## 日本諜報活動の成果その二

一、第三一師団の力はイギリス側にはまったくわからなかった。開戦二ヵ月後まで、その師団がコヒマ、ディマプール地区に第三の連隊（第一二四連隊）をもっていることを知らなかった。第三一師団のこの過小評価はイギリス側の最大の失敗で、すんでのところでコヒマとディマプールを失うところだった。もしそうなれば、ベンガル・アッサム鉄道は切断され、北部の中国、アメリカ軍を崩壊させていただろう。

これは牟田口をさらに喜ばせる指摘である。かれは戦後、敗軍の将として失意のどん底にあるとき、イギリス軍の元将校がなぜコヒマからディマプールへ攻撃しなかったのかと問い合せてきた。イギリス軍の将校たちはこぞって日本軍は千載一遇のチャンスを逃したと思っていたという。手紙でこれを知った牟田口は神のお告げとして喜んだ。かれによればこの攻撃作戦命令は当然出そうとしたが、ビルマ方面軍の河辺に拒否されたという（『昭和史の天皇』第九巻）。牟田口が作戦開始前からコヒマからディマプールへの進攻を主張していたことはさまざまの証言からたしかである。なによりイギリス側の弱点であるコヒマを衝いた点は正しかった。その意外に早い占領には光機関工作員らの諜報活動も多少役だっていた。さらに四〇キロ先の要衝ディマプールの占領にむけ全軍を進めておけば、インパール作戦の帰趨はわからなかった。

## 日本軍将校の反省手記

コヒマで第三一師団第五八連隊第一大隊（森本部隊）にいたヤマグチ少佐のポケットから、極秘と記した手帳を四四年六月二〇日にイギリス軍が入手した（RG 165 E 79 B 2132）。これは戦死したと思われるヤマグチ少佐の四月四日から五月一五日にいたるコヒマ前線での第五八連隊の三つの大隊とくに第一大隊の戦闘の経過を冷静に記述した長文の手記である。そのなかで、ディマプール攻撃が突如中止となった模様が記されている。

> 四月四日、マオソンサンの左突撃隊（宮崎少将率いる第五八連隊の主力第二大隊―引用者）は、ピスエマとアラズラ（コヒマ防衛の要衝）付近にいた敵が早朝、北方へ撤退したとの情報を入手した。この展開から、われわれは敵がコヒマ付近からディマプールの方向へ撤退したと判断した。そのためわれわれはただちにアラズラ丘へ左突撃隊の前進を命令した。右突撃隊（第五八連隊第三大隊―引用者）はわれわれが敵情を観察にペスマに前進する間にチェズウェマを攻撃するように命令された。（中略）とこ

ろが敵を北方にむけただちに追撃しようとしていた右突撃隊にコヒマに進攻すべしの命令が四月四日暗くなってから左突撃隊の司令官から発せられた。つまりこの朝の命令がその夜中止となって、左、右の大隊が残っている敵の全滅に協力してとりかかれとの新しい命令が下った。だが後方の右突撃隊がその命令を伝えられてから新たな行動を起こすまでに、三時間も要した。命令伝達に時間がかかりすぎた。実際、右突撃隊が元の命令に従って北方へ追撃の行動を起こしていた。これは、電信の送受信に予想よりも時間がかかったためである。

ヤマグチ少佐はこのディマプール攻撃中止命令がコヒマの戦局全体に及ぼした影響を指摘していない。かれのいる前線での位置や時期からしてそれを捉えることは不可能であった。かれは命令の伝達に時間がかかって、残留敵兵の全滅行動が手間取ったことを指摘しているにすぎない。ともかく、この手記からディマプールへの進攻を開始した直後の四月四日夜に、運命の中止命令が出たことが確認できる。そしてこの命令が日本軍のインパール作戦成功の絶好のチャンスをむざむざ捨てたことを裏書している。

# インパール作戦は無謀だったか

イギリス将校のリポートはなぜかボースのことに一切触れていない。おそらく無視することは、その重要さを認識していたことの裏返しだろう。ボースのつくった国民軍についても、欠陥その三で取りあげている程度である。

## ボースの存在

サバス・チャンドラ・ボースは、だれでもひとたび会えば、忘れられぬ人であった。かれの偉大さは明確さにあった。多くの他の革命家と同様、このかれの偉大さの本質は、かれがひとつの任務、夢のために生き、そしてそれを自ら保証したことにあった。(Ba Maw)

これはボースがビルマでインド独立のために戦っていたとき、かれに共鳴し、かれの活動に暖かいまなざしを送ったビルマ首相バーモーのボース評である。ボースのインド独立に燃やす情熱は、どのイデオロギーの持ち主をも共鳴させた。あの東条だって一目ぼれして、条件つきでない支援を確約したほどであった。そしてかれがわがままずぎると思いつつも、かれの主張を理解する光機関の磯田は、ソ連参戦で日本軍敗北が決定的となった時期に、かれが協力の相手として考えたソ連行きを支援した。台湾において飛行機事故で死ななければ、ボースはスターリンに会い、かれの支援を取りつけていたかもしれない。

それほどに魅力的なカリスマであり、インド国民に支持された政治家であり、国際的に名が知られている独立の志士であり、正当性をもった主張を明白かつ説得的に表現できる雄弁家であった。そのかれが日本軍の側についたのである。しかもかれの下で団結し、イギリスと戦う強いモラールをもつ数万の国民軍や独立連盟が存在した。日本軍と結び、その背後に東南アジア在住二〇〇万人のインド人とかれらのつくった国民軍を率いるボースは、連合軍とくにイギリス軍にとって、不気味以上の存在であった。

**ボースの利用**

日本軍は光機関に宣伝放送局（ホワイト・ラジオ）ばかりか秘密放送局（ブラック・ラジオ）までつくらせ、ボースの声をインド、セイロン（スリランカ）へ浸透させようとした。連合軍側はボースを使った日本軍側の宣伝力を評価し、その影響力を恐れていた。ボースらの煽動によって、反英運動、独立運動が高揚することをイギリス軍はなによりも警戒した。

しかしラジオの受信者は、短波受信機の普及の低さによって限定された。ボースにつながる政治勢力は必死に受信に努めたであろう。かれらを通じボースや国民軍の主張・意図は、反英独立勢力には、かなり浸透したかもしれない。しかし、一般人はむろんインテリでさえ聴取する者は少なかったであろう。イギリスが妨害電波をだしていたとの証拠はないが、新聞など活字メディアは厳重に検閲され、ボースの動静や主張が登場することはなかった。

日本軍や光機関のビラは空軍機に余裕のあった時期には、カルカッタあたりまで撒布されたが、一九四四年になると、国境の前線に人力で少部数をまくのがせいぜいとなった。スパイによるデマの拡散工作もイギリス側の水際作戦によるスパイの逮捕や自首で効果がなかった。

イギリス支配当局を悩ますほどのボースに呼応した反英独立勢力、つまり第五列の台頭はインド国内に見られなかった。したがって反イギリスのシンボルとして日本軍から期待されたボースは、イギリス側の徹底した妨害や無視によって、その戦略価値はさほどあがらなかった。

ボースの前線での利用つまり戦術価値はもっと生かされなかった。かれの強い願いをきいれず、日本軍はかれを前線に危険として行かせなかった。かれの国民軍には、補助的なゲリラ、スパイ、宣伝活動しか与えなかった。前線光機関将校の日記が示すように、戦局が有利に展開していたコヒマ進攻直後の短期間には、日本軍も国民軍のインド兵を使って戦場放送をする余裕もあったし、敵軍からのインド兵の投降も若干あった。が、まもなく戦局が悪化したため、宣伝、工作活動ができなくなった。前線正面に国民軍を使えば、そこから機密が漏れることを日本軍幹部は心配した。また相手のイギリス軍インド兵の力量を過小評価したように、日本軍側は自陣の国民軍をも軽視した。それどころか作戦遂行に邪魔であったとさえ、牟田口第一五軍司令官は晩年述べているほどだ。なお日本軍が捕虜の存在一般を蔑視したように、マレー作戦の捕虜を主軸とする国民軍を蔑視していたことも、国民軍に活躍の場を与えなかった原因であった。

日本軍のウルトラCはボースと国民軍の活用であった。日本軍はボースを戦略的に多少利用できたが、戦術面で国民軍ともども利用できなかった。

## コヒマのひよどり越作戦

わずかな食料と小さな武器しかもたず、危険な長い道を踏破し、険しい山を越えねばならなかった日本軍は、十分な装備、堅固な陣地をもって待ち受けるイギリス軍に撃破、粉砕された。日本軍の戦術は長期の諜報活動と緒戦の暗号解読によって把握されていた。だからインパール作戦は牟田口のいうような奇襲ではなかった。というよりイギリス軍の巧妙なおびき寄せ作戦に乗せられた最悪の作戦であった。

しかし南部の戦線に比べ、コヒマは奇襲に近かった。イギリス軍の防備が最も弱かったのは、第三一師団の担当したこの地区であった。コヒマにもっと日本軍を最初から重点的に投入しておれば、あるいはひよどり越作戦は成功していたかもしれない。さらに日本軍の作戦で不幸だったのは、コヒマ戦線にふりあてられた国民軍の兵士が他の戦線に比べ少なかったことである。第三三師団の山本支隊に配属され、活躍した国民軍遊撃連隊がコヒマに参戦しておれば、戦局はもう少し長く有利に維持できたし、ボースの有効利用の機会も出現しただろう。

それはともかくイギリス軍は作戦開始後は日本軍の進軍の大筋は把握していた。しかし進軍のスピードが速かったため、防備の構築が間に合わなかった。陸軍では、海軍ほどには暗号解読が短期戦術で役立たない。情報に即応した防備、反撃体制が短期間には構築不可能だからだ。これが暗号戦略の陥穽である。したがって日本軍がコヒマ占領と時をうつさず、無防備のディマプールまでしゃにむに進軍しておれば、イギリス軍の空挺部隊による日本軍の後方攪乱以上の打撃を連合軍側に与えたはずである。さらにはインパール作戦全体が日本軍の所期の目標達成ばかりかインド独立への導火線となっていたかもしれない。ところがディマプールへの進軍にはビルマ方面軍の河辺司令官が中止命令をだした。牟田口もインパール作戦決定の際に見せた強引な主張と説得をディマプール進軍命令許可申請の際には上官に示さなかった。

## 「森」の責任

「木を見て森を見ない」ということわざがある。末梢的部分にこだわって、全体を捉えられないことのたとえである。たまたまビルマ方面軍は「森」、第一五軍は「林」というコードネームをもっていた。前線の師団は「木」とは呼ばれなかったが、軍組織から見ればそれに相当した。「森」や「林」とくに前者は戦局の推移を客観的、冷静に捉え、的確な命令を下部に出さねばならぬ立場にあった。ところが「森」の作戦直前のイギリス軍空挺部隊対策が不徹底であったために、インパール作戦中に後方支援体制が崩壊した。さらに「森」は「林」が要請したディマプール攻撃命令を拒否するという致命的なミスを犯した。もちろん無理な作戦を強行した「林」の責任は大きい。また「林」はボースや国民軍の力量を過小評価し、戦術的利用を行わなかった。しかし「林」の牟田口軍司令官以上に責任を問われねばならないのは、「森」の河辺方面軍司令官であった。

### 特務機関としての光機関

F機関ができた一九四一年九月を光機関の誕生期とすれば、終戦まで続いた光機関は、太平洋戦争より長い歴史を持っている。特務機関は日露戦争期にあらわれ、シベリア出兵、満州事変を経るうちに各戦線や師団に生まれては消えた。それぞれが前線の指揮者の私兵的な道具であった。とかく軍紀、軍命を無視した暴走、謀略にあけくれたため、戦争が終わったり、その指導者が変わると、後に継承されることなく、いわば一代だけの謀略活動であった。

このような旧来の特務機関に比べ、光機関は南方軍のなかで定着し、比較的長期に活動した、珍しくシステマティックな近代的・合理的組織であった。戦局が変わり、指揮者が変わっても存続した。

さらに光機関には、陸軍のなかの比較的有能な人材が使われた。かれらには満州、中国で見られた馬賊、軍閥操縦でかいらい政権樹立をねらう策士型の指導者ではなく、組織のなかで活動する合理志向、情報重視の人物が多かった。工作の歴史が浅く、大陸浪人的な民間志士や軍人が少なかった分、中国よりも南方の特務機関は組織として動きやすかった。また中野学校や大川塾で諜報教育を受けたかなりのスペシャリストも戦争末期には、多数投入された。かれらは光機関や国民軍の下部組織の指導者として活躍した。

## 光機関の貢献度

光機関はかいらい勢力を仕立てて、それを政略的に使い、軍事目的の達成を図る謀略では、旧来の特務機関と本質は変わらなかった。ボースが平等関係の同盟軍と願っても、国民軍は日本軍に指揮され、その目的のために駆使される道具、かいらい軍、つまり連合軍のいうジフであった。そしてボースとともに光機関は国民軍を育成し、連合軍を恐れさせる存在となった。連合軍の資料は光機関とボース、あるいは国民軍とを同一視していた。光機関はボース・国民軍をかかえる謀略・諜報・宣伝機関として恐れられていた。

しかしスパイ工作や諜報活動でも、光機関は見るべき成果はえられなかった。インド大陸ではせっかく苦心して養成し、潜入させたスパイの多くが逮捕され、自首した。前線での工作は西機関など分派機関の協力をえて作戦開始前比較的健闘したが、イギリス軍側工作員の妨害もあって、進軍に必要な兵要地誌やインパールのイギリス軍の陣営の実態の把握に失敗した。スパイ・防諜その他の諜報活動において、イギリス側機関は長年の実績と経験を生かして、光機関のそれをはるかに凌駕していた。

さらにいざインパール作戦では、軍の司令官と光機関幹部の協議がボースの意向を尊重しすぎた。そのため日本軍の国民軍の指揮は光機関を経た間接的なものになり、戦局の変化に即応した国民軍の機動的な活用はできにくくなった。

国際的プロパガンディストとしてのボースの利用価値をよく認識していた点では、軍や光機関の幹部は正しかった。ラジオを利用した多角的な宣伝には、OSS幹部をうならせるほどの活動を見せた。しかし戦場での宣伝は下手であった。日本軍や光機関の国民軍への直接的指揮が禁止されていなかったら、もっとボースやインド兵を前面に出した宣伝ができたら、イギリス軍側インド兵を動揺させ、マレー作戦に見られるようなイギリス軍の切崩しに成功していたかもしれない。

### 現地人軽視のしっぺ返し

日本軍の司令官はインパール作戦で五万人以上の兵士を犬死させた。この平然ともいえる兵士の見殺し作戦は投降下級将校の文章が物語っている。この作戦は太平洋戦争の象徴的な戦いだったといえなくもない。これは軍や光機関の国民軍や現地人工作員扱いにも見られた。しかもイギリス将校に指摘されたように、日本軍は国民軍の扱いにおいても、前線での工作活動においても、原住民の性格や事情を無視しがちであった。そのため、かれらの本当の協力をえられなかった。それどころか傲慢な対応は戦局悪化で裏目に出た。日本側工作員だった原住民は平然と連合軍に寝返った。手塩にかけて育てたつもりだったビルマ軍にも見捨てられた。またインドへのスパイ工作も下手な鉄砲も数撃てば当たるという人海戦術をとったため、投入されるインド人スパイの心の不安感を解消するシステムの開発まで考えが及ばなかった。使い捨てのつもりで養成したスパイ工作員や原住民、さらにはかいらい勢力に、日本軍も光機関も最後は捨てられた。

# 参考文献

## A　アメリカ国立公文書館（NARA）資料

光機関緬甸支部「月報」一九四三年一二月三〇日　(RG 226 E 154 B 93 F 1729)
英軍に来て　(RG 208 E 378 B 445)
OSS, HIKARI KIKAN, 1944. 10. 16.　(RG 226 E 154 B 93 F 1757)
Australian Military Forces, The Function of the Hikari Agency, 1945.　(RG 457 B 108)
SEATIC, *Intelligence Bulletin*, No. 226〜244.　(RG 319 "P" File B 3178)
US Army Forces in the Far East, A Study on Japanese Espionage, 1944. 12. 31.　(RG 38 E Oriental B 8)
MIS, Intelligence Organization of Japan, 1944. 12. 20.　(RG 319 B 2846)
MIS, Intelligence Organization of Japan, 1945. 2. 21.　(RG 38 E Oriental B 8)
Army Security Agency, The History of the Signal Intelligence Service in China-Burma-India, 1945. 6. 30.　(RG 457 B 1296)
MIB/WDGS, The Japanese Intelligence System, 1945. 9. 4.　(RG 457 B 90 SRH 254)
Australian Military Forces, Japanese Secret Intelligence Services, 1947.　(RG 319 "P" File B 2120)
South East Asia Command and India Command, Weekly Intelligence Summary, No. 122〜132, 1944.

B　和　書

防衛庁防衛研修所戦史室編『マレー進攻作戦』（朝雲新聞社、一九六六年）。

〃『ビルマ攻略作戦』（朝雲新聞社、一九六七年）。

〃『インパール作戦——ビルマの防衛』（朝雲新聞社、一九六八年）。

読売新聞社編『昭和史の天皇』第八巻・第九巻・第一〇巻（読売新聞社、一九六九年、一九七〇年）。

泉谷達郎『その名は南謀略機関——ビルマ独立秘史』（徳間書店、一九六七年）。

全国憲友会編『日本憲兵正史』（研文書院、一九七六年）。

〃『日本憲兵外史』（研文書院、一九八三年）。

中野校友会編刊『陸軍中野学校』（一九七八年）。

一三八ビルマ会編刊『烈百三八ビルマ戦線回顧録』（一九七六年）。

藤原岩市『藤原機関』（原書房、一九六六年）。

丸山静雄『中野学校——特務機関員の手記』（平和書房、一九四八年）。

湯川洋蔵『新しい南方の姿—ビルマ—』（翼賛図書出版社、一九四四年）。

C　洋　書

Ba Maw, *Break through in Burma*, Yale University Press, 1968.
Leonard A. Gordon, *Brothers against the Raji*, Columbia University Press, 1990.

W. J. West, *Orwell, the War Commentaries*, Pantheon Books, 1985.
George C. Chalow, *The Secret War*, NARA, 1992.
Romanus and Sunderland, *Stilwell's Mission to China*, United States Army, 1953.
——, *Stilwell's Command Problems*, United States Army, 1956.
Edward J. Drea, *MacArthur's Ultra*, University Press of Kansas, 1992.

アメリカ国立公文書館資料に関しては、本書で使用した文献のうち比較的ページ数の多いもののみを記載した。本書に使った文献は膨大な数にのぼるため、本文でもタイトル名を省略し、アメリカ国立公文書館での分類番号のみを記載した。分類番号を表示しない場合も多い。引用文献中、漢字名が確認できないものは、カタカナで表示した。なお山本武利編『日本の諜報機関』(『太平洋戦争期諜報・宣伝資料集』第一回配本、一九九九年春刊行予定、柏書房)には、本書で使った資料の主要なものを収録する予定である。

# あとがき



ワシントンDCの郊外にあるメリーランド州カレッジパークのアメリカ国立公文書館別館に一九九六年三月から二年間通う機会をえた。

軍事関係資料のアーキビストとして有名なジョン・テーラー氏やOSS資料室の主任アーキビストのラリー・マクドナルド氏らの知遇と教示を受け、主として第二次大戦期の諜報・宣伝関係の資料の収集・分析を行った。情報公開法によるリサーチャーの請求や関係政府機関の能動的な姿勢によって、ここ十年来、従来、国家機密として秘匿された膨大な資料が急ピッチに公開され、接触することが可能となった。私はOSS資料を中心に当ってきたが、それを第二次大戦期の日米の心理戦争に限定しても、気の遠くなる分量の資料群であった。そのなかから私は日本の諜報機関にかんするOSSや陸・海軍、さらにはイギリス、オーストラリア、オランダなど連合国がつくった多くの分析書やリポートの類、かれらが押収した若干の日本語の資料などを探し、コピーした。

本書が対象とした日本軍のインパール作戦の諜報・宣伝とそれを担った特務機関の光機関の資料もけっこうな分量となった。ボースやインド国民軍を裏面から支えた光機関は、連合軍によって、インパール作戦以前から諜知されていた。したがって光機関の構造、機能や主要なスタッフの人名などの資料はかなり集積されている。そのなかには一九四三年一二月の光機関ビルマ支部「月報」のように、きわめて貴重な第一次資料が含まれている。これらの多種、雑多な資料をつき合せ、資料価値を判断しながら、取捨選択し、光機関の足跡をまとめたのが本書である。

特務機関の資料は日本ではほとんど入手困難といわれている。日本の敗戦とともに組織的にその種の資料は焼却された。また非公然の組織であるため、たとえ関連の役所に保管されていたとしても、珍しくその役所が資科公開の姿勢をもっていたとしても、リサーチャーの前に提示される機会は少ない。さらに特務機関自身が当面の謀略に目を奪われ、自らの足跡を記録し、残す人員をもっていなかった。しかもそれらの謀略の多くが、失敗に終ったため、関係者も戦後、自らの戦績について語ることがまれであった。

私のアメリカ滞在を可能にしてくれた安倍フェローシップ（Social Science Research

Council）に感謝する。

本書を、シベリアで抑留死した父に代わって幼児期から私を育て、励ましてくれ、そして本書の刊行を見ずして逝った兄山本清隆の霊前に捧げたい。

一九九八年七月二九日

山本武利

著者紹介
一九四〇年、愛媛県生まれ
一九六九年、一橋大学大学院社会学研究科博士課程終了
現在、一橋大学教授
主要著書
新聞と民衆　近代日本の新聞読者層　広告の社会史　新聞記者の誕生　占領期メディア分析

歴史文化ライブラリー
57

特務機関の謀略
諜報とインパール作戦

一九九八年一二月一日　第一刷発行

著者　山《やま》本《もと》武《たけ》利《とし》
発行者　吉川圭三
発行所　株式会社吉川弘文館
東京都文京区本郷七丁目二番八号
郵便番号一一三―〇〇三三
電話〇三―三八一三―九一五一〈代表〉
振替口座〇〇一〇〇―五―二四四
印刷＝平文社　製本＝ナショナル製本
装幀＝山崎　登（日本デザインセンター）

歴史文化ライブラリー

1996.10

## 刊行のことば

現今の日本および国際社会は、さまざまな面で大変動の時代を迎えておりますが、近づきつつある二十一世紀は人類史の到達点として、物質的な繁栄のみならず文化や自然・社会環境を謳歌できる平和な社会でなければなりません。しかしながら高度成長・技術革新にともなう急激な変貌は「自己本位な刹那主義」の風潮を生みだし、先人が築いてきた歴史や文化に学ぶ余裕もなく、いまだ明るい人類の将来が展望できていないようにも見えます。このような状況を踏まえ、よりよい二十一世紀社会を築くために、人類誕生から現在に至る「人類の遺産・教訓」としてのあらゆる分野の歴史と文化を「歴史文化ライブラリー」として刊行することといたしました。

小社は、安政四年（一八五七）の創業以来、一貫して歴史学を中心とした専門出版社として書籍を刊行しつづけてまいりました。その経験を生かし、学問成果にもとづいた本叢書を刊行し社会的要請に応えて行きたいと考えております。

現代は、マスメディアが発達した高度情報化社会といわれますが、私どもはあくまでも活字を主体とした出版こそ、ものの本質を考える基礎と信じ、本叢書をとおして社会に訴えてまいりたいと思います。これから生まれでる一冊一冊が、それぞれの読者を知的冒険の旅へと誘い、希望に満ちた人類の未来を構築する糧となれば幸いです。

吉川弘文館

〈オンデマンド版〉
特務機関の謀略
謀報とインパール作戦

歴史文化ライブラリー
57

2017年（平成29）10月1日　発行

著　者　山《やま》 本《もと》 武《たけ》 利《とし》
発行者　吉 川 道 郎
発行所　株式会社　吉川弘文館
〒113-0033　東京都文京区本郷7丁目2番8号
TEL　03-3813-9151〈代表〉
URL　http://www.yoshikawa-k.co.jp/

印刷・製本　大日本印刷株式会社
装　幀　清水良洋・宮崎萌美

山本武利（1940～）

ISBN978-4-642-75457-6